NEUE PFÄLZER KÜCHE

NEUE PFÄLZER KÜCHE

100 ausgewählte Rezeptideen
von
Claus Schreiner

und
14 Menüvorschläge von Restaurants
der Südlichen Weinstraße

Verlag und Druckerei
Meininger GmbH

CIP-Kurztitel der Deutschen Bibliothek

Schreiner Claus:
Neue Pfälzer Küche: 100 ausgewählte Rezeptideen / von Claus Schreiner und 14 Menüvorschläge von Restaurants der Südlichen Weinstraße. [Illustrationen: Werner Brand. Fotografien: Klaus Baranenko. Einführungstexte: Holger Mühlberger; Regina Reiser]. – Neustadt an der Weinstraße: Meininger, 1990

ISBN 3-87524-084-7

Alle Rechte, einschließlich derjenigen der fotomechanischen Wiedergabe, des auszugsweisen Nachdrucks und der publizistischen Auswertung aller betrieblichen Angaben, vorbehalten. Gesamtherstellung: Verlag und Druckerei Meininger GmbH, Neustadt an der Weinstraße

© 1990 Verlag und Druckerei Meininger GmbH, Neustadt an der Weinstraße

Illustrationen: Werner Brand
Fotografien: Klaus Baranenko
Einführungstexte: Holger Mühlberger, Regina Reiser
Lektorat: Regina Reiser

Titelbild: Winzer-Pastete (Rezept s. S. 44)

Wir danken dem Landkreis Südliche Weinstraße für die freundliche Unterstützung

Inhalt

Einführung	Im Garten Deutschlands	7
	Wegbereiter der Neuen Pfälzer Küche	10
	Edler Wein und gutes Essen – die ideale Verbindung	12
	Pfälzer Weine und ihr Charakter	14
Rezeptteil	Vorspeisen/Salate	21
	Suppen	45
	Zwischengerichte	50
	Hauptgerichte	69
	– Fleisch	69
	– Geflügel	94
	– Wild	100
	Fleischarme Gerichte	112
	Desserts und Kuchen	138
	Beilagen und Grundrezepte	150
	Getränke	185
Restaurantporträts und deren Menüs	Annweiler: Gasthaus Storchentor	28
	Bad Bergzabern: Hotel-Restaurant Petronella	32
	Billigheim-Ingenheim: Restaurant Pfälzer Hof	56
	Birkweiler: Hotel-Restaurant St.-Laurentius-Hof	60
	Dernbach: Gasthaus Schneider	76
	Edenkoben: Gutshof Ziegelhütte	80
	Frankweiler: Restaurant Robichon	104
	Herxheim-Hayna: Hotel-Restaurant Krone	108
	Landau: Restaurant Augustiner	124
	Landau-Godramstein: Restaurant Keller	128
	Leinsweiler: Hotel-Restaurant Leinsweiler Hof	152
	Leinsweiler: Hotel-Restaurant Rebmann	156
	Sankt Martin: Restaurant Grafenstube	172
	Sankt Martin: Hotel-Restaurant Winzerhof	176
Anhang	Menüvorschläge	188
	Rezeptverzeichnis	191

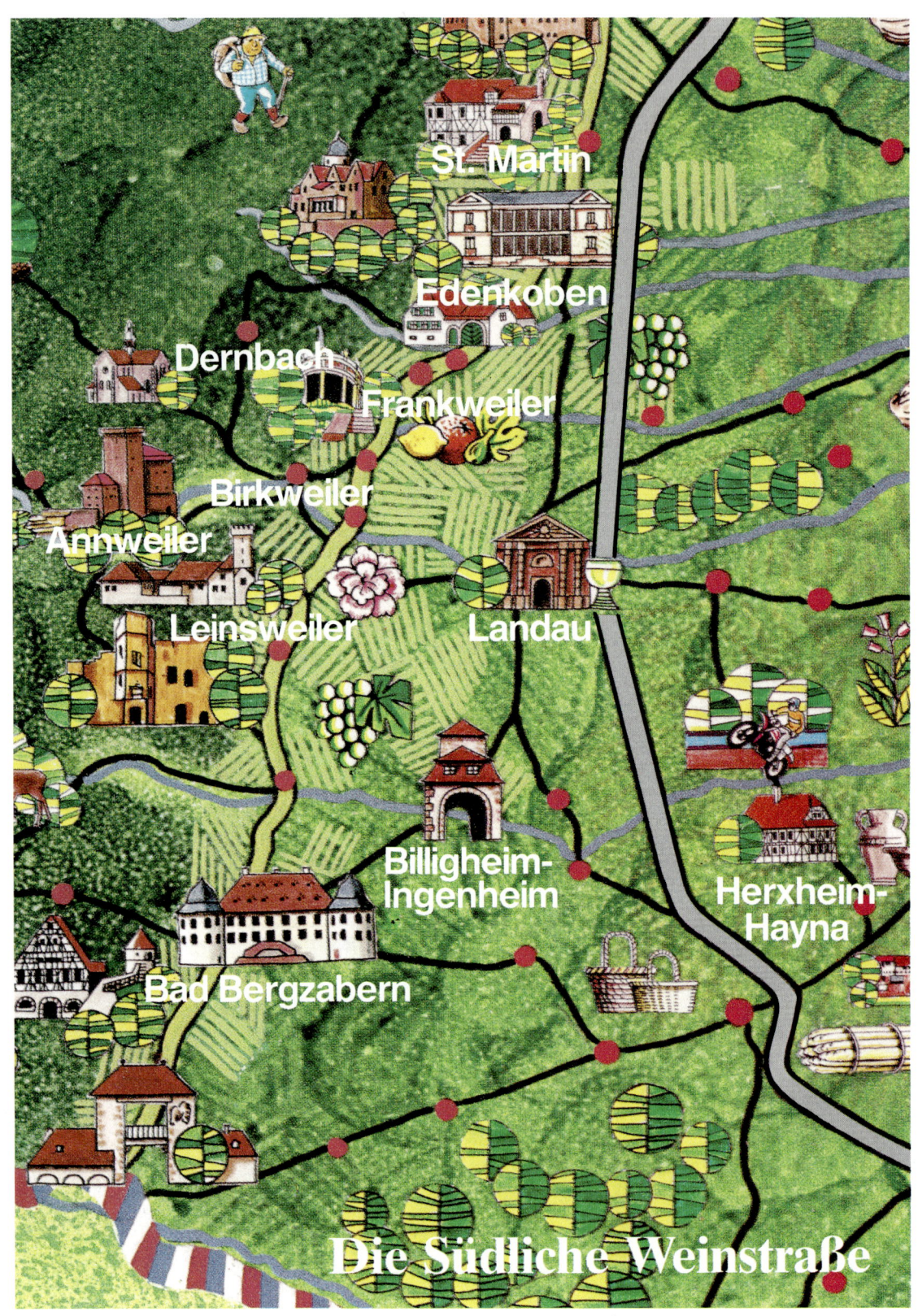

Im Garten Deutschlands

Ein reicher Garten

Streifzug durch die Südliche Weinstraße

Mächtige Burgen in Annweiler und Dernbach

Ein besonderer Garten ist überflüssig, alles Land ringsherum, soweit das Auge reicht, ist ein großer Garten.« Mit diesen Worten beantwortete Bayernkönig Ludwig I. in der Mitte des letzten Jahrhunderts die Frage, ob er bei seiner neuerbauten Villa Ludwigshöhe bei Edenkoben auch einen Garten angelegt hat. Und in der Tat gehört die Südliche Weinstraße mit über 1800 Sonnenscheinstunden im Jahr zu den wärmsten Regionen Deutschlands. Derart von der Sonne verwöhnt, gedeihen im Schutze des Haardtgebirges an der Südlichen Weinstraße südländische Früchte, wie Kiwis, Feigen, Zitronen, Mandeln, Edelkastanien – und natürlich Wein, ohne den sich die Pfälzer das Leben gar nicht vorstellen können.

Vor 2000 Jahren haben die Römer diesen edlen Rebensaft mit an den Rhein gebracht, um beim Dienst in den »Nordprovinzen« nicht zu versauern. Auch die Pfälzer sind dabei auf den Geschmack gekommen und haben ihr Land inzwischen zum ertragreichsten deutschen Weinbaugebiet mit einer Vielfalt an Rebsorten gemacht. Daß man in diesem reichen Garten für alle kulinarischen Genüsse offen ist, versteht sich eigentlich von selbst. Dabei eignet sich der Wein nicht nur als hervorragender Begleiter des Essens, sondern auch als Zutat, wie Sie sich anhand von vielen Rezepten in diesem Kochbuch überzeugen können.

Doch die Südliche Weinstraße hat noch weitaus mehr als edle Tropfen und gutes Essen zu bieten, dieser Landstrich ist durchtränkt von Geschichte, die in zahlreichen Sehenswürdigkeiten ihre Spuren hinterlassen hat. Ein Streifzug durch den Bereich der Südlichen Weinstraße, der sich von Maikammer bis Schweigen und von Annweiler bis Herxheim ersteckt, soll einen ersten Eindruck vermitteln.

Beginnen wir bei A wie Annweiler: Über dem malerischen Ort erhebt sich mächtig der Trifels, im 12. und 13. Jahrhundert das Herz des gesamten Heiligen Römischen Reiches Deutscher Nation, denn rund 150 Jahre lang wurden hier die Reichskleinodien aufbewahrt und von Mönchen des nahen Klosters Eußerthal bewacht. In seinem Verlies schmachtete 1193/94 der englische König Richard Löwenherz, bis er gegen Zahlung eines hohen Lösegelds wieder auf freien Fuß gelangte. Unweit vom Trifels, bei Dernbach, kann man noch eine zweite interessante Burg besichtigen, die zu den besterhaltenen in der Pfalz zählt: es ist die 501 Meter hoch gelegene Ruine Neu-Scharfeneck, von deren Schildmauer man einen herrlichen Blick über den Wasgau genießt.

Kneippheilbad Bad Bergzabern

»Hätte ich nicht in Wörrishofen begonnen, hier hätte ich es tun müssen!« – das sagte der »Wasserdoktor« Sebastian Kneipp, als er 1896 den Kurort Bad Bergzabern besuchte. Tatsächlich nehmen die Kneippschen Anwendungen breiten Raum im Heilangebot ein. Hauptanziehungspunkt in Bad Bergzabern ist das Thermalbad, das von der Petronella-Quelle, eine Natrium-Chlorid-Therme, gespeist wird, die bei Bade- und Inhalationskuren Heilerfolge zeigt. Ein weiterer Pluspunkt dieses Städtchens zwischen Wald und Reben ist seine Nähe zum Elsaß, das man beim Durchfahren des Deutschen Weintors in Schweigen erreicht. Doch vorher sollte man noch einen Abstecher nach Dörrenbach machen, das mit seinem Renaissance-Rathaus mit überdachter Freitreppe den schönsten Fachwerkbau der Pfalz besitzt.

Kurioses und Sehenswertes in Edenkoben

Eine Besonderheit kann man auch in Edenkoben besichtigen: den Weinkeller des Klosters Heilsbruck, der kurioserweise direkt unter der kreuzförmigen Klosterkirche angelegt wurde. Es ist der einzige Weinkeller der Pfalz, in dem noch heute ausschließlich Holzfässer lagern. Eine Weinprobe in diesen stimmungsvollen Mauern verspricht ein unvergessenes Erlebnis zu werden. Vom Liebreiz der Landschaft war der bayerische König Ludwig I. so eingenommen, daß er sich bei Edenkoben in der Mitte des letzten Jahrhunderts eine pfälzische Sommerresidenz als »Villa italienischer Art, nur für die schönste Jahreszeit bestimmt, in des Königreichs mildestem Teile« erbauen ließ. Hinreißend sind dabei die im pompejanischen Stil ausgemalten Räume, die unter anderem eine reichhaltige Slevogt-Sammlung beherbergen. Von der Villa Ludwigshöhe führt ein Fußweg ins nahe Rhodt, den Ludwig und seine Frau Therese beim Gang in die Kirche benutzten. Diese sogenannte Theresienstraße ist eine Sehenswürdigkeit für sich: hier reiht sich ein malerisches Haus ans andere, und die Straße wird von Kastanienbäumen gesäumt. In Rhodt unter Rietburg befindet sich auch der mit über 300 Jahren älteste noch Ertrag bringende Weinberg der Welt.

Die Gartenstadt Landau

Die Gartenstadt Landau befand sich bereits im 17. Jahrhundert unter den Fittichen Frankreichs, und Vauban, der Baumeister Ludwigs XIV., baute die Stadt zur »stärksten Festung der Christenheit« aus – Teile der Anlage sind noch heute erhalten und zu großzügigen Parkanlagen umgestaltet worden. Erhalten im Wortschatz hat sich auch die Bezeichnung »Landauer« für eine zweispännige Kutsche, genau in der Art, wie sie 1702 der habsburg-österreichische Thronfolger Joseph I. auf seiner Reise von Wien ins umkämpfte Landau fuhr.

Die Weinorte Frankweiler, Birkweiler, Leinsweiler und Billigheim-Ingenheim sowie der Tabakort Herxheim-Hayna

Westlich von Landau am Fuß der Haardt liegen die reizvollen Weinorte Frankweiler, Birkweiler und Leinsweiler. Diese Gegend ist dem impressionistischen Maler Max Slevogt zur zweiten Heimat geworden; in der lichtdurchfluteten Südpfalz hat er 30 Jahre lang auf dem Slevogthof über Leinsweiler gelebt und zahlreiche Bilder gemalt. Von Leinsweiler aus sieht man übrigens die Madenburg, eine der größten und schönsten Burgruinen der Pfalz, von der man ein herrliches Panorama in die Rheinebene und auf den Pfälzerwald genießt. Billigheim-Ingenheim im Süden von Landau hat nicht nur als Weinbaugemeinde Bedeutung, alljährlich am zweiten Wochenende im September findet hier der Purzelmarkt, das älteste Volksfest der Pfalz statt, das man seit 540 Jahren unter anderem mit einem Reitturnier feiert. Der Nachbarort Herxheim-Hayna gehört zu den größten Tabakbaugemeinden Deutschlands; vor allem der Ortsteil Hayna wird von einmalig schönen Fachwerkhäusern geprägt.

Sankt Martin und sein Namenspatron

Der alte Ort Sankt Martin zählt zu den malerischsten Dörfern der Vorderpfalz und wurde wegen seiner Kirche und Fachwerkhäuser schon als »wahre Fundgrube schöner Spätgotik« bezeichnet. Namenspatron des Ortes ist der Heilige Martin, dessen Festtag – der 11. November – hier besonders gefeiert wird. Unweit von Sankt Martin, am Fuß der Kalmit, des mit 673 Metern höchsten Bergs des Naturparks Pfälzerwald, liegt Maikammer mit schloßartigen Patrizierhäusern aus der Zeit um die Jahrhundertwende. Maikammer, eines der großen weinbautreibenden Gemeinden Deutschlands, ist das nördlichste Dorf der Südlichen Weinstraße.

Hier endet der kleine Spaziergang durch den Bereich der Südlichen Weinstraße, in dem es noch so vieles zu entdecken gilt. Doch davon sollte man sich am besten vor Ort überzeugen!

Wegbereiter der Neuen Pfälzer Küche

Die Südliche Weinstraße hat so vieles zu bieten, und besonders auf gastronomischem Gebiet erreichte sie wahre Meisterschaft. Hier kann man aus dem vollen schöpfen, denn die Natur stellt alles für höchste kulinarische Genüsse bereit: Wein, südländische Früchte, Gemüse, Waldpilze, Wild, Fisch ... – im Schlaraffenland könnte es nicht anders sein. Es bedurfte nur noch eines findigen Kochkünstlers, der die Produkte der Region kreativ verarbeitet.

Ein Koch, der nichts anbrennen läßt

Claus Schreiner, Jahrgang 1940 und gebürtiger Edenkobener, war genau der richtige Mann, der sich die Entwicklung der gastronomischen Sache an der Südlichen Weinstraße aufs Panier schrieb. Als Sohn eines Gastwirts, der nebenher auch Landwirtschaft und Weinbau betrieb, hatte er von Kindesbeinen an Einblick ins Gewerbe. Den Horizont aber verschaffte er sich auf der Walz: zehn Jahre lang schwang er den Kochlöffel in der Schweiz, in Südfrankreich, Holland, Schweden und New Jersey, bevor er wieder den heimatlichen Hafen ansteuerte. Seit 1972 nun steht er der Küche des Katholischen Altenzentrums in Landau, der auch ein Café-Restaurant angegliedert ist, als Küchenchef und -meister vor und bewältigt seine verantwortungsvolle Aufgabe mit Bravour. Doch dies war ihm nicht genug – der lange Auslandsaufenthalt hat ihn geprägt: seine Offenheit, Weltläufigkeit und Experimentierfreude suchten nach neuen Ufern. 1976 gründete er mit Unterstützung des Landkreises Südliche Weinstraße den Club der Köche der Südpfalz, um den Tourismus in der Pfalz auf gastronomischem Sektor zu fördern. Er wollte die Region bekannt machen – und das ist ihm gelungen!

Echte Alternative zum pfälzischen Küchenerbe

Claus Schreiners Neue Pfälzer Küche ist eine echte Alternative zum mehr derb-rustikal geprägten pfälzischen Küchenerbe, ohne es verdrängen zu wollen, denn Vielfalt ist die beste Visitenkarte einer Landschaft. Die Neue Pfälzer Küche charakterisiert er so: »Sie ist neu, aber bodenständig. Das Typische ist die Verbindung mit dem hiesigen Wein, der nicht nur als Begleiter des Essens, sondern auch in vielen Rezepturen Verwendung findet. Außerdem werden überwiegend Produkte der Region verarbeitet, wie zum Beispiel Zwetschgen, Feigen, Erdbeeren, Mandeln oder Kastanien. Die Neue Pfälzer Küche entspricht den veränderten Eßgewohnheiten einer anspruchsvolleren Kundschaft.«

Über 100 Rezepte zum Ausprobieren

Die 100 besten seiner neuentworfenen Rezepte (in der Regel für 4 Personen) hat Claus Schreiner in diesem Buch zusammengestellt. 14 Vorspeisen/Salate, 5 Suppen, 9 Zwischengerichte, 24 Hauptgerichte (Fleisch, Geflügel und Wild), 15 fleischarme Speisen, 19 Desserts und Kuchen sowie 5 Mixgetränke bieten sich zum Ausprobieren und zu Menüzusammenstellungen (Vorschläge von Claus Schreiner finden Sie auf den Seiten 188 bis 190) geradezu an. Und wenn Sie sich von diesem kreativen Meisterkoch einmal verwöhnen lassen wollen, dann besuchen Sie ihn einfach im Goethepark-Café in der Zweibrücker Straße 42 in Landau (täglich geöffnet von 11.30 bis 18.00 Uhr). Auf der Speisekarte des dem Altenzentrum angeschlossenen Restaurants steht immer eine gute Auswahl an Gerichten der Neuen Pfälzer Küche.

14 Köche der Südlichen Weinstraße lassen sich in den Kochtopf schauen

Kennenlernen kann man diese fortschrittliche pfälzische Kochrichtung und die damit verbundene gehobene Pfälzer Lebensart auch in den 14 im Buch vorgestellten Restaurants der Südlichen Weinstraße. Jedes dieser Häuser versteht es auf seine Weise, die anspruchsvolle Pfälzer Küche zu praktizieren und zu entwickeln und der Gegend damit wichtige Impulse zu geben. Die Gastronomen freuen sich auf Ihren Besuch und händigen Ihnen gern den Schlüssel zu dieser Region aus – denn: Liebe geht durch den Magen!

Regina Reiser

Edler Wein und gutes Essen – die ideale Verbindung

Wer Pfälzer Wein und kulinarische Köstlichkeiten nach Herzenslust miteinander kombinieren möchte, der ist bei der Südlichen Weinstraße an der richtigen Adresse. Über hundert Millionen Rebstöcke wachsen in Deutschlands größtem und wohl auch vielseitigstem Weinbaubereich. Mehr als zwei Dutzend Rebsorten werden hier angebaut – aber das macht die Wahl keineswegs zur Qual, sondern eher zu einer Entdeckungsreise durch Weinberge und Weinkeller.

Vielfältiges Weinangebot

Das Sortiment der Weinbaubetriebe reicht vom einfachen und soliden Landwein über die große Gruppe der Qualitätsweine bis zu den Prädikatsweinen – angefangen vom leichten Kabinett über delikate Spätlesen und Auslesen bis zu edelsüßen Raritäten wie Beerenauslesen, Trockenbeerenauslesen und Eisweinen. Vom Aperitif bis zum Dessert sind sie – richtig gewählt und eingesetzt – allesamt gute Partner zum guten Essen, von der bodenständigen Pfälzer Hausmannskost bis zum raffinierten Menü nach Art der Neuen Pfälzer Küche.

Mut zum Experiment

Die Kombinationsmöglichkeiten von Essen und Wein sind schier unerschöpflich, und experimentierfreudige Genießer werden zurecht jedem Dogma abhold gegenüberstehen. Leichter Wein paßt zu leichten Speisen, ein kräftiger Tropfen harmonisiert mit kräftigen Speisen, markante Weine sind gute Begleiter zu würzigen Gerichten, Liebliches im Glas findet in Süßem auf dem Teller den rechten Partner. Trockene und halbtrockene Gewächse sind – von begründeten Ausnahmen abgesehen – weniger problematisch einsetzbar als liebliche Weine. Das alles ist nicht neu. Aber das eigentliche Erlebnis liegt in der Nuance, im Probieren und im Experimentieren, Individualisten sind gefordert, und in diesem Buch finden sie eine Fülle von guten Vorschlägen dazu.

Klimatisch bevorzugt

Die Natur hilft den Pfälzer Winzern bei der Erzeugung edler Tropfen nach Kräften. Rund 1800 Sonnenstunden im Jahresdurchschnitt machen diese Landschaft zu einer der klimatisch bevorzugten Regionen Deutschlands. Hier gedeihen nicht nur Trauben, auch südländische Gäste, wie Feigen, Kiwis, Eßkastanien, Mandeln oder

Pfälzer Weinbrand, Weingelee und Weinessig

Pfälzer Sekte

Dialog zwischen Winzern und Köchen

Zitronen, fühlen sich in der »Toskana Deutschlands« wohl. Die Vielfalt der Böden sorgt für immer neue Geschmacksvarianten beim Pfälzer Wein; an Abwechslung herrscht wahrlich kein Mangel.

Wein ist längst nicht mehr das einzige Produkt, das in der Pfalz aus Trauben hergestellt wird. Der Pfälzer Weinbrand genießt schon seit Jahren in Kennerkreisen den Ruf der exklusiven und regionaltypischen Spezialität. Weingelee, die moderne Variante eines alten Konfitürrezepts, steht bei vielen Genießern auf dem Speisezettel; lesefrische, reife Trauben, Zucker, Zitronensaft und ein kleiner Schuß Pfälzer Weinbrand sind die wichtigsten Zutaten für diesen feinwürzigen Gaumenschmeichler. Der Pfälzer Traubensaft, der tatsächlich nach frischen, ausgewählten Trauben schmeckt, ist nicht nur für Kinder ein wertvoller Trunk. Auch Essig ist nicht gleich Essig – Gourmets wissen das schon lange. In der Pfalz beispielsweise gibt es das erste deutsche Essig-Weingut, und dort werden aus edlen Weinen – auch aus Eisweinen und Beerenauslesen – Essigspezialitäten vom Feinsten kreiert.

Als schönstes Vergnügen empfinden viele Weinkenner den prickelnden Genuß eines der zahlreichen Pfälzer Sekte. Immer mehr Weinbaubetriebe widmen sich diesen Produkten, und das Angebot nimmt an Größe und Qualität ständig zu. Bei den besten Pfälzer Sekten erlebt der Wein seine »zweite Geburt« durch die traditionelle Gärung in der Originalflasche, der Champagner-Methode. Auch für den Sekt gilt das Prinzip der »gezielten Vielfalt«: Der Riesling dominiert bei den verwendeten Grundweinen, aber eine Vielzahl anderer Rebsorten gibt der Angebotspalette Farbe und Abwechslung.

Das Streben nach Perfektion hat die Südliche Weinstraße vom beliebten »Land der Schoppenweine« zur vielbeachteten Heimat einer neuen Generation von Weinen und Winzern werden lassen. Kräftige, erdverbundene Gewächse stehen bei der Probe neben eleganten, filigranen Kreszensen, die – wie die vielen Auszeichnungen immer wieder beweisen – im nationalen und im internationalen Vergleich auch auf höchster Ebene bestehen. Etablierte Betriebe mit großer Tradition wetteifern mit jungen Talenten, um ihrer gemeinsamen Zielsetzung gerecht zu werden: In den Weinbergen und in den Kellern das Beste aus dem zu machen, was ihnen die Natur schenkt. Der ständige Dialog zwischen Winzern und Köchen gehört dazu, weil beide Seiten viel voneinander lernen können.

Pfälzer Weine und ihr Charakter

Der Spaziergang durch die wichtigsten Rebsorten, ihre Eigenheiten, ihre Qualitäten und ihre Rolle als Partner für den anspruchsvollen Kochkünstler, ist ein Vorgeschmack auf kulinarische Erlebnisse mit Wein von der Südlichen Weinstraße.

Müller-Thurgau – leicht, heiter und ertragreich

Der Müller-Thurgau nimmt mit deutlichem Abstand den ersten Platz auf dem Rebsortenspiegel ein. Diese Rebe reift sehr früh und bringt gute Erträge. Die Müller-Thurgau-Weine sind leicht, mild, ausgewogen und heiter. Das frisch-fruchtige Bukett ist harmonisch und läßt zuweilen einen zarten Muskatton anklingen. Der Müller-Thurgau ist als eher sanfter Begleiter zu leichten Speisen ebenso beliebt wie als angenehmer Durstlöscher. Trocken ausgebaut paßt er gut zu Fischgerichten.

Riesling – der König der Weißweine

Der Riesling wird – zurecht – immer wieder als »König der Weißweine« apostrophiert. Die kleinen Beeren des Riesling reifen spät. Seine Weine bestechen durch Frucht und Rasse. Seine markante Säure macht den Riesling besonders lebendig und sorgt mit dafür, daß sich eine jahrelange Lagerung mit ständiger Reifeentwicklung wirklich lohnt. Rieslingweine aus der Rheinpfalz eignen sich ideal zu Fischgerichten und Krustentieren, sind aber als edle Getränke zu feinen Speisen universell einsetzbar.

Silvaner – schwer und vollmundig

Zu den berühmtesten Standardrebsorten zählt auch der Silvaner, der »Rubens-Typ« unter den Weinen. Die Trauben sind schwer, kompakt und saftreich; die Weine präsentieren sich herrlich rund und vollmundig. Schwere Speisen mit kräftigen Saucen finden im Silvaner, der im übrigen ein sehr anpassungsfähiger Tischgenosse ist, ihren geeigneten Begleiter.

Morio-Muskat – kräftig und harmonisch

Der Morio-Muskat ist ein typischer Vertreter des Bukettwein-Sortiments, der viele Freunde hat Die interessante Kreuzung wurde aus Silvaner und Weißem Burgunder an der Südlichen Weinstraße gezüchtet – darum fühlt er sich hier auch besonders wohl. In kräftigen Pasteten und Wildgerichten findet der Morio-Muskat bei Tisch wohl geeignete Partner. Auch als Aperitif oder zum Nachtisch ist er vielseitig kombinierbar.

*Kerner –
frisch-süffiger Wein*

Der Kerner, als Kreuzung aus Blauem Trollinger und Riesling, ist die wohl erfolgreichste Rebenneuzüchtung, ähnelt von Frucht und Geschmack her dem Riesling. Die genügsame Rebe bringt frische und süffige Weine hervor. Der Kerner ist ein bekömmlicher Zechwein; er eignet sich aber auch – wie der Riesling – als vielseitiger Begleiter zu Fisch, hellen Fleischgerichten und Vorspeisen vortrefflich.

*Ruländer –
feurig und gehaltvoll*

Der Ruländer, auch Grauer Burgunder genannt, liefert feurige und gehaltvolle Weine von zartem Bukett. Der Pfälzer Apotheker Ruland hat diese alte Rebe um 1700 wiederentdeckt. Des Ruländers typische Würze paßt sehr gut zu Käsesorten aller Art; sie macht ihn aber auch zum geschätzten Partner von Wildgerichten und dunklen Braten mit markanten Saucen.

*Scheurebe –
fruchtiger Geschmack und
frische Blume*

Die Scheurebe mit ihrem leichten Aroma von schwarzen Johannisbeeren ist eine Neuzüchtung aus Silvaner und Riesling. Sie wartet auf mit einem fruchtigen Geschmack und einer ausgeprägten, frischen Blume. Wer beim Essen reizvolle Kombinationen mit der Scheurebe wagt, der hat gute Chancen, ganz neue Geschmackseindrücke zu gewinnen. Als Bukettwein im Prädikatsbereich ist die Scheurebe auf jeden Fall ein feiner Aperitif und ein guter Begleiter zu vielen Desserts. Wer einen Kombinationsversuch mit Geflügel nicht scheut, wird belohnt.

*Weißer Burgunder –
Wein mit pikanter Säure*

Die kleinen grünlich-gelben Beeren des Weißen Burgunders ergeben einen kraftvollen und ausdrucksreichen Wein mit pikanter Säure. Seine Vielseitigkeit als Partner zum Essen ist enorm; es gibt kaum ein Gericht – vom Fisch bis zum kräftigen Fleischgericht – zu dem er nicht paßt. Der Weißburgunder ist ein Klassiker, der zur Zeit zurecht eine bemerkenswerte Renaissance erlebt.

*Huxelrebe –
reizvoller Exot*

Die Huxelrebe gehört zu den Neuzüchtungen, die in der Pfalz zwar keine Hauptrolle spielen, aber das Sortenbukett doch auf reizvolle Weise bereichern. Trockene Huxel-Kabinettweine sind gut kombinierbar mit hellen Fleischspeisen und Fisch. Größere Bedeutung hat diese Rebsorte aber im hohen und höchsten Prädikatsbereich: als Beerenauslese oder Trockenbeerenauslese zum Aperitif oder zu diversen Desserts. Die Weine haben einen dezenten Muskatton und oft eine gute Säure, die für lange Haltbarkeit bürgt.

*Portugieser –
mild und bekömmlich*

Der Portugieser führt die Rotweinsorten an der Südlichen Weinstraße an. Die Weine – mundig, süffig und mild – sind als Tischweine beliebt zu Braten, Wild und zu vielen Gerichten mit eher schweren Saucen. Portugieser-Weine sind überaus bekömmlich und finden auch als Weißherbst ausgebaut immer mehr Freunde.

*Spätburgunder –
samtig oder fruchtig*

Als beste Rotwein-Rebe auf deutschem Boden gilt der Spätburgunder. Er bringt, je nach angestrebtem Geschmacksideal mal samtige und vollmundige Weine hervor, mal jugendliche, fruchtige und säurebetonte. Der mitunter praktizierte Ausbau in kleinen Eichenholzfässern (Barrique) gibt dem Spätburgunder eine ganz besondere Note. Weine dieser Rebsorte sind – auch als Weißherbst – bei Tisch vor allem interessante Begleiter zu Braten, Wild und Käse.

*Dornfelder –
mit südländischer Note*

Der Dornfelder ist die wohl erfolgreichste Rotwein-Neuzüchtung. Der tiefrote, kräftige Wein wird nicht zuletzt wegen seiner südländischen Note geschätzt – auch hier bringt der Ausbau im Barrique interessante, finessenreiche Varianten. Kräftige Braten, Wildgerichte und Käse bieten sich als reizvolle Kombinationsmöglichkeiten zu dieser markanten Rebsorte an.

*Probieren
geht über studieren*

Mehr als hundert Inhaltsstoffe sind am Geschmackseindruck des Weins beteiligt. Süße, Säure, Alkoholgehalt und Aromen sind nur einige davon. Alter, Qualitätsstufe, Lage und natürlich der Jahrgang prägen seinen individuellen Charakter. Letztlich muß also die Praxis zeigen, welcher Wein zu welchen Speisen am besten paßt. Und ganz zum Schluß wird ja doch die Erkenntnis über alle gutgemeinten Ratschläge siegen, daß jedem Weinfreund und Genießer das am meisten zusagt, was ihm ganz persönlich am besten schmeckt. Ein Prosit und »Guten Appetit«!

Informationen
rund um den Wein
sind erhältlich bei:

Südliche Weinstraße e.V.
Postfach 21 24
6740 Landau
Telefon (0 63 41) 3 80–0

Rheinpfalz-Weinpfalz e.V.
Postfach 10 10 02
6730 Neustadt
Telefon (0 63 21) 1 30 96

Holger Mühlberger

Bunter Kartoffelsalat

Lustadter Cocktail

Entenbrustsalat mit Johannisbeer-Honig-Dressing

*Lauchsüppchen
»Dahner Land«*

Haardter Pilzsalat

250 g Steinpilze
250 g Champignons
250 g Pfifferlinge
50 g Zwiebelwürfel
40 g Butter
0,1 Ltr. Pfälzer Weißherbst

Mayonnaise:
2 Eigelb
1 EL Zitronensaft
1 TL Senf
1/8 Ltr. Sonnenblumenöl
2 Gläser Perlzwiebeln
30 g frisches Basilikum
150 g Crème fraîche
Salz, Pfeffer
(frisch gemahlen)

Die frischen Pilze putzen, zerkleinern und mit Zwiebeln in Butter anschwitzen, dann mit dem Pfälzer Weißherbst ablöschen und gar dünsten; dabei darauf achten, daß die Flüssigkeit fast völlig einkocht. Aus Eigelb, Zitronensaft, Senf, Salz, Pfeffer und Sonnenblumenöl eine Mayonnaise zubereiten. Crème fraîche, kleingeschnittenes Basilikum, Perlzwiebeln und die Pilze mit dem restlichen Fond daruntermischen und nochmals abschmecken, gegebenenfalls ein wenig Streuwürze und Zucker einrühren.

MEIN TIP: Dazu paßt warmes Pfälzer Würzbrot und ein Pfälzer Weißherbst trocken.

Der Naturpark Pfälzerwald, das größte zusammenhängende Waldgebiet Deutschlands, ist mit seinen roten Sandsteinfelsen und kleinen Feuchtbiotopen eine Mittelgebirgslandschaft von besonderem Reiz – und das zu jeder Jahreszeit. Dank seines Mischbestandes wachsen hier und besonders im Haardter Gebiet, dem Ostsaum des Naturparks Pfälzerwald, eine Vielzahl von Pilzen, vor allem Champignons, Pfifferlinge und Steinpilze.

Karottensalat »Pälzer Marktfrä«

600 g Karotten
50 g Sonnenblumenöl
50 g Weißweinessig
1 Knoblauchzehe
10 g Petersilie (gehackt)
5 g frischer Koriander (gehackt)
Paprika edelsüß
Kümmel (gemahlen)
Salz, Pfeffer (frisch gemahlen)
Streuwürze

Karotten in 1 x 1 cm große Würfel schneiden, Knoblauch hacken, jedoch nicht pressen. Die Karotten in Wasser mit Salz und Zucker nicht zu weich garen – sie sollten noch Biß haben –, dann abtropfen lassen. Alles in eine Schüssel geben, mit Essig, Öl und den Gewürzen abschmecken, ziehen lassen und vor dem Servieren mit Petersilie und Koriander bestreuen.

Frische Karotte, heit ganz billich!« – haben Sie so nicht auch schon einmal eine echte Pfälzer Marktfrau ihre Ware anpreisen hören? Ihr ist dieses Rezept gewidmet.

Bohnensalat mit Walnüssen

450 g Bohnen (gebrochen, frisch oder gefroren)
180 g Walnüsse ohne Schale
2 EL Sonnenblumenöl
2 EL Walnußöl
4 EL Rotweinessig
4 cl Wasser
1/2 TL Senf
1 KL Bohnenkraut (frisch gehackt)
1/4 TL Glutamat
Zucker
Salz, Pfeffer (frisch gemahlen)

Bohnen in Salzwasser kochen, dabei achten, daß die Bohnen nicht zu weich werden. Die Walnüsse grob hacken. Aus den restlichen Zutaten eine Salatsauce herstellen, die Walnüsse und Bohnen daruntermischen, nochmals abschmecken und etwa 1/2 Stunde ziehen lassen, dann servieren.

MEIN TIP: Sollten Sie kein frisches Bohnenkraut zur Hand haben, dann können sie auch getrocknetes nehmen, und zwar nur 1/2 TL. Das getrocknete Bohnenkraut sollte man in Wasser einweichen. Frisches Bohnenkraut schmeckt natürlich besser.

Pfälzer Kartoffelsalat

900 g Kartoffeln mit Schale
80 g Rauchfleischwürfel
50 g Zwiebelwürfelchen
2 Knoblauchzehen
4 EL Öl
2 EL Essig
0,2 Ltr. Fleischbrühe (s. S. 166, kann auch ein Fertigprodukt sein)
20 g Petersilie (gehackt)
Salz, Pfeffer (frisch gemahlen)

Kartoffeln als Pellkartoffeln kochen, schälen und in nicht zu dünne Scheiben schneiden. Öl und Rauchfleisch in der Pfanne kroß anrösten, die Zwiebeln und den zerdrückten Knoblauch dazugeben, nochmals kurz mit anschwitzen und dann über die Kartoffeln schütten. Essig und die warme Fleischbrühe, Petersilie und Pfeffer nun unter die Kartoffeln heben und abschmecken.

MEIN TIP: Kartoffelsalat wird in der Pfalz lauwarm gegessen, aber er schmeckt auch kalt. Hier noch etwas Besonderes: man kann den Kartoffelsalat, wenn er kalt ist, auch in Butter leicht anbraten.

Bunter Kartoffelsalat

400 g Kartoffeln mit Schale
1 Gurke ohne Kerne
1 Apfel
2 Tomaten
2 Paprikaschoten (gewürfelt)
40 g Zwiebelwürfel
Sauce:
2 Eier (hart gekocht)
2 EL Sonnenblumenöl
2 EL Weißweinessig
0,1 Ltr. Fleischbrühe
(s. S. 166)
Salz, Pfeffer (frisch gemahlen)
1 Prise Zucker

Kartoffeln kochen und pellen, dann die Gurke schälen. Tomaten enthäuten und Kerne entfernen, Äpfel und Paprika ebenfalls entkernen. Nun alles in Würfel schneiden, Zwiebeln und Paprika fein würfeln. Für die Sauce hartgekochte Eier halbieren, das Eigelb herausnehmen, und zusammen mit Weinessig, Öl, Fleischbrühe, Salz, Pfeffer und Zucker mit dem Mixstab vermischen. Zwiebeln und Paprika in die Sauce rühren. Nun die gekochten und geschälten Kartoffeln in Scheiben unterheben, nochmals abschmecken und das Ganze lauwarm servieren.

MEIN TIP: Die Fleischbrühe darf heiß sein.

Pfälzer Bauernbrotsalat

600 g Bauernbrot
50 g Zwiebelwürfelchen
120 g Öl
1,5 dl Weinessig
150 g Wasser
400 g gekochter Schinken (fein gewürfelt)
20 g Petersilie (gehackt)
Basilikum (frisch gehackt)
Zucker
Salz, Pfeffer (frisch gemahlen)
4 Eier (hart gekocht)

Das Bauernbrot in 1 x 1 cm große Würfel schneiden. Aus den restlichen Zutaten (außer den Eiern) eine Marinade bereiten, das gewürfelte Brot unterheben, mit Eierecken garnieren und sofort servieren.

MEIN TIP: Mit diesem Gericht macht man aus der Not eine Tugend, denn zu diesem kräftigen Salat wird das Brot nicht separat gereicht, sondern kurz vor dem Servieren mit den übrigen Zutaten vermischt. Dazu paßt ein Pfälzer Riesling trocken.

Chinakohl mit Pfälzer Handkäse und Nüssen

1 ganzer Chinakohl
200 g Pfälzer Handkäse
70 g Haselnüsse
70 g Walnüsse
40 g Sonnenblumenkerne
100 g roher Schinken
50 g Zwiebeln (grob gewürfelt)
3 EL Sonnenblumenöl
2 EL Rotweinessig
1 EL Himbeeressig
0,1 Ltr. Wasser
Streuwürze
Zucker
1/2 TL Honig
Salz, Pfeffer (frisch gemahlen)

Chinakohl in Streifen schneiden, waschen und gut abtropfen lassen. Walnüsse und Haselnüsse grob hacken. Handkäse in größere Würfel schneiden. Den klein gewürfelten rohen Schinken anbraten, bis er kroß ist, danach mit den Zwiebeln noch etwas anschwitzen, mit 0,1 Ltr. Wasser, Rotwein- und Himbeeressig ablöschen und das Ganze abschmecken. Chinakohl, die Nüsse und die Sonnenblumenkerne vermischen, zuerst die warme Salatsauce und zum Schluß den Handkäse darunterheben. Den Salat sofort servieren, denn er soll noch lauwarm sein.

MEIN TIP: Dazu schmecken sehr gut halbtrockene bis trockene Pfälzer Weine, Pfälzer Würzbrot, man kann auch eine angebratene Poulardenbrust dazu reichen.

Lustadter Cocktail oder Käseteller

200 g Handkäse
200 g Camembert
100 g Salatgurke ohne Kerne
100 g Radieschen
100 g blaue Trauben
100 g Haselnußkerne
100 g Erbsen (tiefgekühlt)

Marinade:
150 g Joghurt
100g Crème fraîche
1 TL Senf
40 g Zwiebeln (klein gewürfelt)
2 cl Pfälzer Weinbrand
Zitronensaft
Liebstöckel, Schnittlauch
Petersilie, Streuwürze
Salz, Pfeffer (frisch gemahlen)
1 Prise Zucker

Mit Joghurt, Senf, Zitronensaft, Crème fraîche, Zwiebeln und Pfälzer Weinbrand eine Marinade herstellen und mit den gehackten Kräutern und den Gewürzen abschmecken.
Handkäse (soll nicht zu reif sein) und Camembert in Würfel, Salatgurke und Radieschen in Scheiben schneiden, Haselnußkerne grob hacken, Trauben halbieren und die Kerne entfernen; Erbsen in wenig Salzwasser kochen, dann sofort in Eiswasser abkühlen und abseihen. Alle Zutaten vermischen, die Marinade darübergeben und vorsichtig vermischen. In ein Glasschälchen ein rotes Salatblatt legen, den Cocktail darauf schichten und servieren.

MEIN TIP: Hierzu paßt Stangenweißbrot und ein gut gekühlter Pfälzer Weißherbst.

Das »Luschter Handkeesfescht« erinnert noch heute an die jahrhundertealte Tradition der Handkäsherstellung in diesem vorderpfälzischen Ort, der übrigens die Wochenmärkte in ganz Süddeutschland mit Gemüse beliefert.

Sellerie-Käse-Salat

200 g Knollensellerie (geschält)
250 g rote Äpfel ohne Kerne, aber mit Schale
80 g Haselnußkerne (gehackt)
300 g Feta-Käse
1/2 unbehandelte Zitrone
3 EL Mayonnaise
150 g süße Sahne
Petersilie (gehackt)
Streuwürze
Salz, Pfeffer (frisch gemahlen)

Zitronensaft mit der Mayonnaise, der Sahne und den Haselnußkernen verrühren, die in feine Streifen geschnittenen Äpfel und den Sellerie dazugeben und sofort untermischen, damit sie nicht braun werden. Mit den Gewürzen und Salz, eventuell noch mit etwas Zucker abschmecken, und zum Schluß den in Würfel geschnittenen Feta unterheben.

MEIN TIP: Ist der Feta zu scharf, dann wässern Sie ihn einfach. Sollten Sie von dem Feta übrig haben, legen Sie ihn in Knoblauchöl, dem man etwas provençalische Kräuter beimischt, ein. Wenn man den Salat als Vorspeise reicht, kann man noch gekochten Schinken dazulegen.

Annweiler: Gasthaus Storchentor

Altenstraße 18
6747 Annweiler
Telefon (06346) 8404
Inhaber:
Familie Klaus Keuser
Küchenchef und -meister:
Klaus Keuser
Ruhetag: Montagabend,
Dienstag

Der Storch im Gasthausschild erzählt von einer alten Geschichte, denn vor über 350 Jahren beherbergte das Fachwerkhaus inmitten von Annweiler einmal eine Wachstube mit Ausschank am von Störchen bewohnten Stadttor an der Straße nach Wernersberg. 1982 erwarb die Familie Keuser das alte, unter Denkmalschutz stehende Anwesen und machte aus dem damaligen Bierein Speiselokal. Die 40 Plätze fassende Gaststube (Reservierung empfiehlt sich!) mit Holzbalkendecke und Strieffler-Drucken an den Wänden ist im rustikalen Weinstubenstil gemütlich eingerichtet.
Gutbürgerlich-gehoben gibt sich die Speisekarte, die zusätzlich durch ein saisonales Angebot ergänzt wird. Darüber hinaus bietet Klaus Keuser pfälzische sowie vegetarische Gerichte an. Mehr als 25 Jahre Berufserfahrung stehen hinter dem Küchenmeister, den seine Wanderjahre unter anderem nach Frankfurt, München, Berlin, in den Harz, nach Sylt und Föhr führten.

Unser Menü:
Winzersalat
* * *
Kalbsrückensteak in Weinbergschneckensauce mit Schupfnudeln (Buwespitzle)
* * *
St. Laurents Rotweincreme

Winzersalat

200 g Feldsalat (geputzt)
80 g Löwenzahnsalat (geputzt)
120 g Blutwurst in dünnen Scheiben
16 Scheiben Speck
Weißbrotwürfel
Weinessig
Traubenkernöl
Pfeffer aus der Mühle
Meersalz

Feldsalat, Löwenzahnsalat und Blutwurst mit Weinessig, Traubenkernöl, Salz und Pfeffer anmachen. Speckstreifen anbraten und Weißbrotwürfel in Butter rösten und auf den Salat geben.

Kalbsrückensteak in Weinbergschneckensauce mit Schupfnudeln (Buwespitzle)

4 Kalbsrückensteaks (à 180 g)
24 Weinbergschnecken
4 Zwiebeln
4 Knoblauchzehen
Basilikum
800 ml Sahne
Salz, Pfeffer
Petersilie

Schupfnudeln:
600 g Kartoffeln
8 Eigelb
4 EL Kartoffelstärke
Salz
Muskat

Kalbsrückensteaks würzen, in Mehl wenden, danach in Öl und Butter braten, herausnehmen. Zwiebeln, Weinbergschnecken und Knoblauch in feine Würfel schneiden und in der Pfanne andünsten, mit Sahne auffüllen und zu einer sämigen Sauce einkochen lassen. Frisches, gehacktes Basilikum und Petersilie einstreuen und mit Salz und Pfeffer würzen. Danach die Sauce über die Kalbsrückensteaks gießen.
Für die Schupfnudeln Kartoffeln kochen und durch die Presse drücken. Kartoffelmehl, Eigelb, Salz und Muskat dazugeben und miteinander vermischen. Aus dem Teig zeigefingergroße Nudeln formen. In siedendem Salzwasser ziehen lassen, bis sie an der Oberfläche schwimmen, herausnehmen, gut abtropfen lassen und anschließend in Butter goldgelb braten.

St. Laurents Rotweincreme

1 Ltr. St. Laurent Rotwein
1 Zimtstange
6 Eigelb
100 g Zucker
7 Blatt Gelatine
1/2 Ltr. geschlagene Sahne

St. Laurent Rotwein mit der Zimtstange zur Hälfte einkochen lassen. Gelatine in kaltem Wasser einweichen, ausdrücken und in den warmen Rotwein geben (nicht kochen). Die Flüssigkeit mit Eigelb und Zucker im warmen Wasserbad cremig, anschließend im kalten Wasserbad kalt rühren. Geschlagene Sahne unterziehen und mindestens zwei Stunden in den Kühlschrank stellen. Zum Anrichten mit einem Eßlöffel ausstechen, mit Früchten garnieren und mit Puderzucker bestreuen.

Dazu unsere Weinempfehlung:

Bereich Südliche Weinstraße, Riesling trocken

✳ ✳ ✳

Bereich Südliche Weinstraße, Kerner Kabinett

✳ ✳ ✳

Bereich Südliche Weinstraße, Schwarzriesling Spätlese mild

Bad Bergzabern:
Hotel-Restaurant Petronella

Kurtalstraße 47
6748 Bad Bergzabern
Telefon (06343) 1075
Inhaber:
Familie Josef Arnold
Küchenchef: Stefan Arnold
Ruhetag: Dienstag
(nur von Oktober bis März)
Terrasse
Übernachtungsmöglichkeit
(Hotel)

Direkt am Kurpark von Bad Bergzabern liegt das Hotel-Restaurant »Petronella«, das seit 1985 von der Familie Arnold geführt wird. Sohn Stefan Arnold kehrte nach Lehr- und Wanderjahren, unter anderem in der Schweiz und in Düsseldorf, 1988 voller Ideen in den elterlichen Betrieb zurück. In dem 80 Plätze fassenden Restaurant bietet er Pfälzer Spezialitäten und eine gutbürgerliche Küche sowie für Kurgäste Diät- und Schonkost an. Seinen Einfallsreichtum vollends kennenlernen kann der Gast in der kleinen Gourmetstube »La Casserole«, in der bis zu 20 Personen Platz finden: Hier gibt die wöchentlich wechselnde Speisekarte mit täglich zwei verschiedenen Gourmetmenüs einen jahreszeitlich geprägten Querschnitt durch die regionale Küche auf gehobenem Niveau.

Für kleinere Veranstaltungen bis 25 Personen steht ein Nebenzimmer und für Seminare und Tagungen der Petronellasaal mit 120 Sitzplätzen zur Verfügung. Seit Frühjahr 1990 wird der Hotelbereich durch eine Beauty-Farm, eine Kneippanlage sowie eine Cafeteria bereichert. Während der Sommermonate lädt die Familie Arnold sonntags zwischen 15 und 18 Uhr zum Tanztee auf ihre Terrasse ein und reicht zu rhythmischen Klängen Kuchen und Torten aus eigener Herstellung.

Unser Menü:

Geräuchertes Forellensüppchen mit Einlage

* * *

Fasanenbrustfilet im Salzteigmantel und Pfefferkraut

* * *

Gewürztraminerschaum mit glacierten Honigtrauben und Holundersorbet

Geräuchertes Forellensüppchen mit Einlage

*4 frisch geräucherte
Forellenfilets
2 Schalotten
150 g Butter
50 g Butter
3 Eigelb
1/2 Ltr. Sahne
3 EL Crème fraîche
1/4 Ltr. trockener Riesling
1 Lorbeerblatt
1 Nelke
1 unbehandelte Zitrone
Salz, Pfeffer
Muskat
Dill oder Schnittlauch*

150 g Butter und die kleingewürfelten Schalotten in einen Topf geben und goldgelb anschwitzen. Dann Würfel von zwei Forellenfilets mitdünsten. Mit dem Riesling ablöschen und mit Sahne auffüllen. Die Gewürze hineingeben und 5 Minuten köcheln lassen. Mit dem Mixer das Ganze gut pürieren und durch ein feines Sieb passieren, nochmals aufkochen lassen. Die Eigelbe mit der Crème fraîche verrühren und in die Suppe schlagen, die jetzt nicht mehr kochen soll. Nach und nach die restliche Butter in die Suppe rühren und so lange schlagen, bis die Suppe eine schaumige Konsistenz besitzt. Danach abschmecken, und die restlichen Forellenfilets gewürfelt in die Suppenteller setzen. Suppe anrichten und servieren, mit Dillfäden garnieren. Dazu frisches Stangenweißbrot reichen.

Fasanenbrustfilet im Salzteigmantel und Pfefferkraut

*4 kleine Fasanenbrustfilets
4 Scheiben grüner Speck
(dünn geschnitten)
etwas gehackte frische
Kräuter
Pfeffer aus der Mühle
Salz*

Salzteig:
*800 g Salz
800 g Mehl
4 Eier
300 g Wasser*

Pfefferkraut:
*500 g Sauerkraut
2 kleine Zwiebeln
100 g Schweineschmalz
etwas Wasser
1/4 Ltr. Riesling
1 Lorbeerblatt
3 Gewürznelken
etwas eingeweichten Madagaskarpfeffer
4 Weißbrotscheiben ohne Rinde
1 kleines Gläschen Wildpreiselbeeren
4 große Weinblätter (Dose)*

Fasanenbrüste würzen und in einer heißen Pfanne mit Butterschmalz beidseitig scharf anbraten. Auf ein Gitter setzen und auskühlen lassen.
Alle Teigzutaten miteinander vermengen und mindestens 1 Stunde kühl ruhen lassen. Die Fasanenbrüste mit gehackten Kräutern einreiben und mit den dünnen Speckscheiben umwickeln. Teig ausrollen und Brüste damit einschlagen. Bei 240 Grad etwa 15 Minuten backen. Noch 10 Minuten im geschlossenen Backofen ruhen lassen. Teigdeckel abschneiden und Fasanenbrüste aufschneiden und wieder in die Teigkruste einsetzen.
Inzwischen das Sauerkraut mit Zwiebeln, Schweineschmalz, etwas Wasser, Wein, dem Lorbeerblatt und den Nelken verkochen. Madagaskarpfeffer kurz vor dem Anrichten zugeben und mit Salz und Pfeffer abschmecken. Weinblätter auf einem Tuch abtrocknen und in heißem Öl frittieren. Auf Teller setzen, das Pfefferkraut mit einer kleinen Schöpfkelle in eine Kugelform bringen und auf das Weinblatt setzen.
Brotstreifen in frischer Butter schwänken und anrichten. Als Garnitur die Wildpreiselbeeren verteilen.

Gewürztraminerschaum mit glacierten Honigtrauben und Holundersorbet

Gewürztraminerschaum:
3 Eigelb
1 Ei
1/4 Ltr. Gewürztraminer
100 g Zucker
4 cl Marsalla

Alle Zutaten in eine Cromaganschüssel geben, gut verrühren und in einem Wasserbad bei 80 Grad schaumig rühren.

Honigtrauben:
100 g weiße Trauben
100 g blaue Trauben
150 g Bienenhonig
1/8 Ltr. Weißwein

Honig und Weißwein aufkochen und die Trauben darin schwenken. Wenn die Trauben einen glasigen Überzug bekommen, kann man sie anrichten.

Holundersorbet:
200 g Holunderbeeren
1/4 Ltr. Rotwein
80 g Zucker
2 cl Grand Marnier

Die Holunderbeeren mit Rotwein eine Minute kochen lassen und durch ein Sieb passieren. Danach mit dem Zucker und dem Grand Marnier abschmecken und die Flüssigkeit durch ständiges Rühren im Froster abkühlen lassen, bis eine feste Konsistenz entsteht, beziehungsweise eine Sorbitière verwenden. Sorbet mit einem angewärmten Löffel abstechen und anrichten.

> **Dazu unsere Weinempfehlung:**
> *1987er Dörrenbacher Guttenberg, Riesling trocken*
> ✻ ✻ ✻
> *1986er Siebeldinger im Sonnenschein, Grauer Burgunder Spätlese halbtrocken*
> ✻ ✻ ✻
> *Kurpfalz »Kurfürst Friedrich von der Pfalz«, Riesling brut, Deutscher Sekt, Flaschengärung*

Weinstraßen-Salat mit Rindfleisch

600 g Rindfleisch (gekocht)
100 g Zwiebelwürfelchen
3 Tomaten
1 Salatgurke
100 g Mandeln (gehackt)
250 g Brechbohnen
(gefroren oder frisch)
5 EL Rotweinessig
2 KL Senf
1 Knoblauchzehe
3 EL Öl
1 Bund Schnittlauch
Salz, Pfeffer
(frisch gemahlen)
Zucker

Gehackte Mandeln trocken mit etwas Salz rösten. Tomaten von den Kernen und den weichen Teilen befreien, Salatgurke schälen, längs durchschneiden und die Kerne herauskratzen, Bohnen in Salzwasser abkochen (sie sollten noch Biß haben). Rindfleisch, Tomaten, Salatgurke und Brechbohnen in 1 x 1 cm große Würfel schneiden.
Mit dem Rotweinessig, dem Senf, den Zwiebelwürfelchen, der zerdrückten Knoblauchzehe, dem Öl und den Gewürzen eine Salatsauce bereiten, die gewürfelten Zutaten dazugeben und gut vermischen, dann ca. 1 Stunde ziehen lassen, nochmals abschmecken. Kurz vor dem Servieren den fein geschnittenen Schnittlauch und die Mandeln mit dem Salat vermengen.

MEIN TIP: Dazu serviert man Pfälzer Würzbrot und einen gut gekühlten Pfälzer Silvaner halbtrocken.

Auf einer Länge von 80 Kilometern zieht sich die Deutsche Weinstraße von Bockenheim bis Schweigen und bildet das Rückgrat des ertragreichsten deutschen Weinbaugebietes. Die »Bummelstraße der Weinkenner und -liebhaber«, die 1935 aus der Taufe gehoben wurde, wird mit einer schwarzen Traube auf gelbem Grund markiert.

»Pälzer Leits«-Topf

Entenbrust in Dornfelder Sirup

Forellenfilet
»Hilschweiher«

Zanderröllchen »Rebenfrüchte«

Pfälzer Walnuß-Gockel

600 g Hähnchenbrust ohne Knochen
500 g Aprikosen (frisch oder aus der Dose)
3 Eigelb
2 EL Senf
2 EL Zitronensaft
1/4 Ltr. Walnußöl
150 g Sahne
125 g Selleriewürfel (gekocht)
50 g Walnüsse (grob gehackt)
Salz, Pfeffer (frisch gemahlen)
Zucker
Worcestersauce

Hähnchenbrust mit Salz und Pfeffer würzen und in der Pfanne anbraten; darauf achten, daß die Brust noch saftig bleibt. Erkalten lassen und in ca. 1 x 1 cm große Würfel schneiden.
Von den Eigelben, dem Senf, Zitronensaft, etwas Salz und dem Walnußöl eine Mayonnaise zubereiten, danach die geschlagene Sahne unterheben.
Hähnchenbrust-, Sellerie- und Aprikosenwürfel in einer Schüssel vorsichtig vermischen, mit etwas Worcestersauce, Salz und frisch gemahlenem Pfeffer marinieren, Walnußmayonnaise dazugeben und abschmecken. Die gehackten Walnüsse als Garnitur darüberstreuen.

MEIN TIP: Sollte Ihnen die Walnußmayonnaise zu bitter sein, kann man auch nur 1/8 Ltr. Walnußöl und 1/8 Ltr. Salatöl verwenden.
Bei frischen Aprikosen läßt sich die Haut leichter abziehen, wenn man sie kurz in kochendes Wasser legt.
Zu dieser Vorspeise paßt ein Pfälzer Müller-Thurgau.

Als »Garten Deutschlands« wird die Pfalz schon seit langem bezeichnet, denn dank ihres milden Klimas gedeihen hier neben dem Wein auch Feigen, Aprikosen, Zitronen, Kiwis, Mandeln, Walnüsse und Edelkastanien.

Entenbrustsalat mit Johannisbeer-Honig-Dressing

400 g Entenbrust mit Haut und ohne Knochen
200 g rote Johannisbeeren
30 g Zwiebelwürfelchen
2 EL Rotweinessig
2 EL Sonnenblumenöl
etwas Zitronenmelisse
4 Portionen Mischsalat
Streuwürze
Zucker
2 EL Honig
Salz, Pfeffer
(frisch gemahlen)

Die Haut von der Entenbrust mit einem Messer abtrennen. Pfanne erhitzen, die mit Salz und Pfeffer gewürzte Entenbrust zusammen mit der Haut anbraten. Die Brust soll rosé und die Haut gut knusprig gebraten sein. Die Haut in Streifchen schneiden. Brust und Haut warm stellen. Mit dem Rotweinessig, der kleingehackten Zitronenmelisse, den Zwiebelwürfelchen, Salz, den Gewürzen, dem Sonnenblumenöl und Honig ein Dressing bereiten, 150 g Johannisbeeren dazugeben und das Ganze mit dem Stabmixer pürieren. Den Mischsalat mit dem Dressing vermischen und anrichten. Die in dünne Scheiben geschnittene Entenbrust darauflegen, die knusprigen Hautstreifen und die restlichen Johannisbeeren darüberstreuen.

MEIN TIP: Verwenden sie keinen normalen Weinessig, sondern Rotweinessig, wie man ihn in der Pfalz kaufen kann, denn dieser hat einen sehr guten Geschmack und gibt dem Gericht die richtige Note. Ein Pfälzer Portugieser Kabinett ist der passende Weinbegleiter.

Geräuchertes Forellenfilet »Boskop«

*400 g Forellenfilets
(geräuchert)
60 g Quark
150 g Joghurt
2 EL Sonnenblumenöl
100 g Äpfel
(Boskop ohne Kerne)
400 g Sellerieknolle
(geschält)
80 g Walnußkerne
(grob gehackt)
1/2 TL Dill oder 1/2 Bund
frischen Dill
2 Eier (gekocht)
Zitronensaft
Salz, Pfeffer
(frisch gemahlen)*

Quark, Joghurt und Zitronensaft verrühren, langsam das Öl dazugeben und mit Salz und Pfeffer abschmekken. Die Äpfel mit Schale und den Sellerie fein raspeln und alles mit dem feingehackten Dill vermischen. Nun das Forellenfilet in ca. 2 cm große Stücke schneiden und vorsichtig unterheben. Mit einem Salatblatt anrichten und mit den gekochten Eierecken garnieren; die Walnußkerne darüberstreuen.

MEIN TIP: Lassen Sie sich dazu einen Pfälzer Apfelbranntwein schmecken – prost!

Winzer-Pastete

Zutaten für 20 Personen:
950 g Pastetenteig (s. S. 169)
1000 g Schweinekeule
(Oberschale)
400 g Schweinelende
200 g Hähnchenbrustfilet
350 g frischer Speck
in dünnen Scheiben
40 g Bratfett
0,1 Ltr. Sahne
50 g Erbsen (getrocknet)
0,05 Ltr. Pfälzer Silvaner
30 g Salz (oder 10 g Pökel-
salz und 20 g Salz)
150 g Zwiebeln
(in Scheiben)
100 g Pfifferlinge
(grob gehackt)
10 g Pastetengewürz
1 KL provençalische
Kräuter
1 Ei
Aspik (s. S. 170)

Von der Schweinekeule 500 g Fleisch wegnehmen und in 1 x 1 cm große Stücke schneiden, mit 15 g Salz bestreuen und 3 Tage in den Kühlschrank stellen (dies können Sie beschleunigen, indem Sie sich von Ihrem Metzger 10 g Pökelsalz geben lassen und es unter das gewürfelte Fleisch mischen, dann benötigt es nur zwölf Stunden).
Nach drei Tagen das Lendchen mit Salz und Pfeffer würzen, sehr heiß auf allen Seiten kurz anbraten und kalt stellen. Danach die Zwiebeln in der selben Pfanne anschwitzen und ebenfalls kalt stellen. Dann das gewürfelte und gesalzene Fleisch in kochendem Wasser etwa 5 Minuten kochen lassen, abschütten und kalt stellen, Erbsen kochen, so daß sie noch etwas fest sind, abschütten, kalt stellen. Zuerst das restliche Schweine- und das Geflügelfleisch, dann den Speck durch den Fleischwolf drehen und alles 2 Stunden ins Tiefkühlfach stellen.
Eine Kastenform in der Größe von 30 x 8 cm mit Fett einstreichen und mit Paniermehl ausstreuen. Den Pastetenteig ausrollen und in die Form legen – der Teig sollte ca. 2 cm überstehen –, dann die Form kalt stellen.
Nun gibt man das Fleisch in eine Moulinette (Mixer für Fleisch, Kleincutter), fügt Sahne, Gewürze und Pfälzer Silvaner dazu und läßt nun alles fein zerkleinern. Die Masse darf aber nicht zu warm werden, sonst verliert sie an Bindung. Die grob gehackten Pfifferlinge und die gekochten Erbsen daruntermischen. Nun 1/3 der Masse in die Form geben, das Schweinelendchen darauflegen und mit der restlichen Masse auffüllen. Die überstehenden Teigränder auf die Masse klappen, mit verquirltem Ei einstreichen und einem Teigdeckel abdecken. Nun in diesen Teigdeckel zwei Löcher mit (etwa 2 cm Durchmesser) schneiden, damit der Dampf entweichen kann. Die Pastete zunächst 15 Minuten bei 200 Grad, dann 40 Minuten bei 140 Grad backen. Etwas auskühlen lassen und mit Aspik auffüllen, kalt servieren.

MEIN TIP: Dieses aufwendige Gericht eignet sich hervorragend bei besonderen Anlässen, wie Weihnachten, Silvester, und wenn Gäste zu Besuch sind. Bieten Sie dazu den Pfälzer Silvaner an, mit dem bereits die Winzer-Pastete aromatisiert wurde.

Pfälzer Frühlingssuppe

0,7 Ltr. Fleischbrühe
(s. S. 166)
80 g Zwiebeln
50 g Butter
200 g Sauerampfer
250 g Kartoffeln (geschält)
0,1 Ltr. Pfälzer Silvaner
100 g Sahne
etwas Liebstöckel (gehackt)

Zwiebelwürfelchen in Butter anschwitzen, den gehackten Sauerampfer sowie die in kleine Stücke geschnittenen Kartoffeln hinzufügen, mit Fleischbrühe und dem Pfälzer Silvaner auffüllen und kochen lassen. Nun die Suppe würzen, und wenn die Kartoffeln weich sind, das Ganze mit dem Schneidestab pürieren, die Sahne untermischen und anrichten.

MEIN TIP: Auf die angerichtete Suppe ein paar Sauerampferstreifchen und ganz kleine geröstete Bauernbrotwürfel streuen.

Weinsuppe »Südliche Weinstraße«

20 g Zwiebeln (fein gewürfelt)
30 g Karotten (gewürfelt)
20 g Lauch (geschnitten)
20 g Sellerie (gewürfelt)
20 g roher Schinken (gewürfelt)
1/4 Ltr. Pfälzer Gewürztraminer
40 g Mehl
70 g Sahne
3/4 Ltr. Kalbfleischbrühe
50 g Butter
30 g Crème fraîche
Basilikum (frisch)
Pfeffer (gemahlen)
1 Prise Zucker

Schinken mit den Zwiebeln in Butter anschwitzen, das Gemüse untermischen und mit Mehl anschwitzen. Mit Kalbfleischbrühe und Pfälzer Gewürztraminer auffüllen, gut durchkochen lassen. Crème fraîche hineinrühren und mit Sahne und Eigelb legieren. Die Suppe darf nun nicht mehr kochen.

MEIN TIP: In heiße Tassen abfüllen, obenauf etwas geschlagene Sahne geben und geröstete Mandelscheiben darüberstreuen. Diese Suppe eignet sich durchaus auch als Abendbrotgericht, man reicht dann etwas Weißbrot dazu.
Auch zu einer Suppe kann man einen Wein empfehlen: Ein Gewürztraminer Kabinett mundet zur Weinsuppe »Südliche Weinstraße« und rundet sie erst so richtig ab.

Die Südliche Weinstraße erstreckt sich von Maikammer bis Schweigen und von Annweiler bis Herxheim und zählt zu den wärmsten Regionen Deutschlands. Seit der Römerzeit wird hier eine beträchtliche Menge an gehaltvollen und ausgezeichneten Weinen angebaut.

Lauchsüppchen »Dahner Land«

20 g Zwiebelwürfel
70 g Butter
50 g Crème fraîche
40 g Mehl
300 g Lauch
1,2 Ltr. Fleischbrühe
(s. S. 166)
0,2 Ltr. Pfälzer Ruländer
Kerbel (frisch gehackt)
1 Prise Zucker
Salz, Pfeffer (frisch gemahlen)

Klößchen:
50 g Butter
2 Eier
100 g Weißbrotwürfel
20 g Petersilie (gehackt)
20 g Zwiebelwürfelchen
50 g Kastanien (gekocht, s. S. 150)
Muskat
Salz, Pfeffer

Den Lauch in dünne Streifen schneiden; 100 g davon wegnehmen, in 20 g Butter anschwitzen und beiseite stellen. Mit der verbliebenen Butter, dem Mehl und dem restlichen Lauch eine Schwitze bereiten, mit Ruländer und Rinderbouillon auffüllen und ca. 20 Minuten köcheln lassen, mit den Gewürzen abschmecken und dann mit einem Stabmixer gut zerkleinern. Durch ein Spitzsieb passieren, die Créme fraîche darunterrühren und die restlichen Lauchstreifchen in die Suppe geben. Als Einlage Klößchen bereiten.
Für die Klößchen Zwiebelwürfelchen in Butter anschwitzen und kalt stellen. Weißbrot in dünne Scheiben schneiden und in eine Schüssel mit den verquirlten Eiern legen, ziehen lassen. Dann die restlichen Zutaten dazugeben, alles gut vermengen und mit den Gewürzen abschmecken. Die gekochten Kastanien hacken und unter die Masse mischen. Klößchen formen und im siedenden Salzwasser garen.

MEIN TIP: Kastanien gibt es in der Dose, besser sind tiefgefrorene.

Als »Pfälzische Schweiz« bezeichnet man gern das Land rund um Dahn mit seinen bizarren Felsformationen, die für Sagen und geheimnisumwitterte Geschichten schon reichlich Anlaß gegeben haben; davon zeugen die Namen einiger Sandsteinriesen: Teufelstisch, Jungfernsprung, Braut und Bräutigam ... Das Felsenland im Süden des Naturparks Pfälzerwald ist auch ein Kletterparadies. An 80 freistehenden Felstürmen und 140 Felsmassiven kann man dem alpinen Vergnügen frönen.

Pfälzer Kartoffelsüppchen

500 g Kartoffeln (geschält)
70 g Karotten
70 g Sellerie
70 g Lauch
70 g Zwiebeln
3 Knoblauchzehen
40 g Butter
0,6 Ltr. Fleischbrühe
(s. S. 166)
70 g roher Schinken
0,1 Ltr. Sahne
125 g Sauerrahm oder
Crème fraîche
Majoran
Petersilie (gehackt)
etwas Muskat
Salz, Pfeffer (frisch
gemahlen)

Die Kartoffeln in 1 cm große Würfel schneiden und in eine Schüssel mit Wasser legen. Karotten, Lauch, Sellerie und Zwiebeln in ganz kleine Würfel schneiden, dann mit den zerdrückten Knoblauchzehen in Butter anschwitzen und mit Fleischbrühe auffüllen. Etwa 10 Minuten kochen lassen, danach die gewürfelten Kartoffeln, Schinkenwürfelchen und die Gewürze hineingeben. Wenn die Kartoffeln weich sind, nochmals abschmecken und mit Sahne und Crème fraîche verfeinern. Zum Schluß die gehackte Petersilie darüberstreuen.

»Pälzer Leits«-Topf

400 g Rindfleisch (Bug)
4 kleine geräucherte Rippchen
400 g Nußdorfer Servela (Rindswürstchen)
4 Markknochen
1 Zwiebel
200 g Lauch
200 g Karotten
200 g Sellerie
300 g Weißkraut
1 Petersilienwurzel
1 Knoblauchzehe
2 Lorbeerblätter
2 Nelken
wenig Koriander
2 kleine Bund Schnittlauch
etwas Muskat
Salz, Pfeffer

2 Liter Wasser zum Kochen bringen, die in Würfel geschnittene Zwiebel und die Gewürze hineinstreuen. Das Rindfleisch in 4 x 4 cm große Würfel schneiden und in das kochende, gesalzene Wasser geben. Das Mark aus den Knochen drücken und die leeren Knochen ebenfalls mitkochen. Nach 30 Minuten die Knochen herausnehmen. Jetzt das grob gewürfelte Gemüse mit dem Fleisch garen. 10 Minuten vor dem Garwerden die Rippchen obenauf legen und köcheln lassen. Alles abschmecken, die in Scheiben geschnittene Nußdorfer Servela und das gewürfelte Mark unterrühren. Darüber den geschnittenen Schnittlauch streuen und servieren.

Entenbrust in Dornfelder Sirup

*800 g Entenbrust
ohne Knochen
40 g Butter
40 g Zucker
1/4 Ltr. Pfälzer Dornfelder
10 g Stärkepuder
320 g Sauerkirschen
ohne Steine
2 g Würzmittel
2 cl Kirschwasser
ganz wenig Koriander
Muskat
Salz, Pfeffer (frisch
gemahlen)*

Entenbrust mit Salz, Pfeffer, Koriander und Muskat würzen, aber die Gewürze sehr vorsichtig verwenden, damit der spezifische Entengeschmack nicht verlorengeht. Dann die Entenbrust anbraten – sie soll noch rosé sein – und warm stellen. Für die Sauce die Butter mit dem Zucker glacieren, mit Pfälzer Dornfelder auffüllen, das Ganze etwas einkochen lassen und mit dem Stärkepuder binden. Sauerkirschen und Würzmittel dazugeben, mit Kirschwasser und Gewürzen leicht abschmekken. Die Sauce auf eine Platte gießen, die in Scheiben geschnittene Entenbrust darüberlegen und servieren.

MEIN TIP: Dieses Gericht eignet sich sehr gut als Zwischengericht nach der Suppe. Dazu denselben Wein als Getränk ist ein Genuß, auch ein Pfälzer Kirschwasser eignet sich als Begleiter.

Forellenfilet »Hilschweiher«

800 g Forellenfilets
60 g Butterschmalz
200 g Steinpilze (frisch oder gefroren)
60 g Zwiebelwürfelchen
40 g Butter
2 EL Braune Grundsauce (s. S. 166)
0,3 Ltr. Pfälzer Portugieser
100 g Crème fraîche
1 Zitrone
Worcestersauce
Streuwürze
Zucker
Salz, Pfeffer (frisch gemahlen)
etwas Mehl

Die Forellenfilets mit Salz, Pfeffer, Zitronensaft und Worcestersauce auf allen Seiten würzen, dann in Mehl wälzen und in Butterschmalz anbraten, herausnehmen und warm stellen. In der gleichen Pfanne Butter und Zwiebeln anschwitzen, mit Pfälzer Rotwein (Portugieser) und Bratensauce ablöschen. Die geputzten und in Scheiben geschnittenen Steinpilze dazugeben und ca. 3 Minuten gut durchkochen lassen. Créme fraîche hineinrühren und abschmecken. Die Sauce über die Forellenfilets gießen.

MEIN TIP: Bekommen sie keine Forellenfilets, so können sie auch ganze Forellen verwenden.
Dieses Rezept zeigt, daß nicht nur ein Weißwein, sondern auch ein Rotwein, nämlich ein Portugieser, zu einem Forellengericht paßt.

Der Hilschweiher am Waldrand bei Edenkoben – zusammen mit dem Hilschwasserfall ein beliebter Ausflugsort – ist nicht nur reich an Forellen, in seiner Nähe wachsen auch sehr viele Steinpilze. Aus diesen beiden Zutaten wurde das Forellenfilet »Hilschweiher« komponiert.

Forellenfilet »Südliche Weinstraße«

800 g Forellenfilets
30 g Butterschmalz
0,2 Ltr. Pfälzer Riesling
10 g Stärkepuder
75 g Butter
4 Eier
100 g Trauben
100 g Champignons
aus der Dose
75 g Sahne
2 cl Martini weiß
Streuwürze
Worcestersauce
Zitronensaft
Zucker
etwas Mehl
Salz, Pfeffer
Morio-Schaumsauce
(s. S. 147)

Forellenfilets mit Salz, Pfeffer und Worcestersauce würzen und mit Zitronensaft beträufeln, im Mehl wälzen und in Butterschmalz anbraten, dann warm stellen. Riesling mit dem Stärkepuder in einem Töpfchen verrühren und aufkochen lassen. Nun die Butter darunterschlagen, Eier dazugeben und das Ganze bei schwachem Feuer aufschlagen, bis eine Bindung erzeugt wird. Die halbierten, entkernten Trauben und die Champignonscheiben darunterrühren, mit Salz, Zucker und dem Martini abschmecken, geschlagene Sahne unterheben, und die Sauce (Weinschaumcreme) über die Forellenfilets gießen und servieren.

MEIN TIP: Hierzu trinkt man am besten einen Pfälzer Riesling trocken oder halbtrocken.

Seit Jahrhunderten ist die Südliche Weinstraße eng mit dem Wein verbunden. Einst brachten die Römer den edlen Rebensaft mit in diesen sonnenverwöhnten Landstrich am Rhein, in dem heute 60 Millionen Rebstöcke jährlich etwa 150 Millionen Liter Wein abwerfen. Vor rund 20 Jahren erntete ein Winzer der Südlichen Weinstraße sogar den Wein mit dem höchsten jemals gemessenen Mostgewicht.

Forellenragout »Anglerglück«

800 g Forellenfilets
60 g Zwiebeln (gewürfelt)
200 g Staudensellerie
(gewürfelt)
100 g frische Champignons
(gewürfelt)
100 g Salatgurke (gewürfelt)
50 g Butter
0,2 Ltr. Pfälzer Riesling
0,1 Ltr. Wasser
50 g Crème fraîche
40 g Mehlbutter (20 g Mehl
und 20 g Butter vermischt)
1/8 Ltr. Sahne (geschlagen)
100 g Tomaten (gewürfelt)
1/2 TL Liebstöckel
Estragon (gehackt)
Salz, Pfeffer
etwas Zucker

Zwiebeln, Staudensellerie, Champignons und Gurken in Butter anschwitzen, Kräuter dazugeben, mit Pfälzer Riesling und Wasser ablöschen und würzen. Alles kochen lassen, bis die Zutaten weich sind. Nun die Crème fraîche unterrühren, wenn nötig, mit der Mehlbutter binden, durchkochen lassen. Die gewürfelten und grätenfreien Forellenfilets unterheben, bei 80 Grad ziehen lassen, bis der Fisch durch ist. Dann die geschlagene Sahne und die Tomatenwürfel vorsichtig daruntermischen. Das Ganze mit Pfeffer, Salz und Zucker abschmecken.

MEIN TIP: Als Beilage eignen sich sehr gut Petersilienkartoffeln, dazu schmeckt ein Glas Pfälzer Riesling.

Hechtpudding »Riesling-Nixe«

600 g Hechtfilets
5 cl Pfälzer Riesling trocken
50 g Rauchfleischwürfel
60 g Zwiebelwürfelchen
3 Eigelb
40 g Butter
100 g Semmelbrösel
3 Eiweiß
100 g Crème fraîche
60 g frisches Tomatenpüree
50 g Schnittlauch
(fein geschnitten)
Salz, Pfeffer
(frisch gemahlen)
Streuwürze

Hechtfilet in Würfel schneiden und im Pfälzer Riesling trocken marinieren. Das Rauchfleisch anbraten, danach die Zwiebeln ebenfalls mit anschwitzen; erkalten lassen. Butter mit dem Eigelb schaumig rühren und mit der Speck-Zwiebel Mischung vermengen. Hechtfleisch durch die feine Scheibe des Fleischwolfs drehen, mit Semmelbrösel, Crème fraîche, Tomatenpüree und dem geschlagenen Eiweiß unter die andere Masse mischen. Das Ganze mit Schnittlauch, Salz und den Gewürzen abschmecken. Puddingform oder Rodonkuchenform gut ausbuttern und mit Semmelbrösel ausstreuen. Masse einfüllen, in ein Wasserbad stellen und bei mittlerer Hitze im Ofen ca. 1 Stunde garen lassen. Auf eine Platte stürzen und mit Tomatensauce servieren.

Zanderröllchen »Rebenfrüchte«

800 g Zanderfilets (je 200 g)
1 kleine Dose Spargelköpfe
40 g Butter
60 g Zwiebelwürfel
0,2 Ltr. Pfälzer Dornfelder
0,1 Ltr. Wasser
50 g Rote-Bete-Saft
(oder 90 g Rote Bete)
100 g Crème fraîche
20 cl Martini weiß
100 g weiße Weintrauben
50 g Walnüsse (gehackt)
Worcestersauce
Zitronensaft
Salz, Pfeffer
(frisch gemahlen)

Die portionierten Zanderfilets quer in der Mitte, aber nicht ganz durchschneiden, so daß sie noch auf einer Seite zusammenliegen und nicht in zwei Hälften auseinanderfallen. Nun die Filets mit Salz, Pfeffer, Zitronensaft und Worcestersauce würzen, die Spargelköpfe hineinlegen und das Ganze in eine flache Kasserolle setzen. Butter, Zwiebelchen, Pfälzer Dornfelder und Wasser dazugeben, abdecken und andünsten. Wenn die Filets gar sind, auf einer Platte anrichten und warm stellen. Rote-Bete-Saft, Crème fraîche und Martini unter die Brühe rühren, abschmecken, und die Sauce mit dem Mixerstab pürieren. Unter die Sauce die Weintrauben heben, nochmals erhitzen und dann über die Zanderröllchen gießen. Mit gehackten Walnüssen bestreut servieren.

MEIN TIP: Sollten sie keinen Rote-Bete-Saft zur Hand haben, dann können Sie auch Rote Bete reiben; dazu benötigen Sie 90 g.
Am besten trinkt man zu diesem Gericht einen Dornfelder Rotwein.

Gefüllte Pfälzer Zwiebeln mit Salmwürfel

12 mittelgroße Zwiebeln
1/2 Ltr. Fleischbrühe
(s. S. 166)
0,1 Ltr. Pfälzer Riesling
160 g Reis (paraboiled)
600 g Salm (Lachs) ohne Gräten
80 g Crème fraîche
400 g Münsterkäse
80 g Butter
Basilikum (frisch)
Salz, Pfeffer
(frisch gemahlen)
1 Prise Zucker

Die ganzen geschälten Zwiebeln in der Fleischbrühe garen, doch sollten sie noch Biß haben. Das Innere der Zwiebel herausnehmen und fein hacken. Die Hälfte der gehackten Zwiebeln in Butter anschwitzen, mit dem Pfälzer Riesling ablöschen, den Reis dazugeben und der Fleischbrühe auffüllen. Nun den Reis im abgedeckten Topf garen bis er trocken ist. Die 1×1 cm großen Salmwürfel und die restlichen gehackten Zwiebeln mit Crème fraîche und dem gehackten Basilikum vermischen und dabei mit Salz, Pfeffer und Zucker abschmecken. Die Zwiebeln mit der Masse füllen, in eine feuerfeste Schale setzen; den Rest der Füllung obenauf setzen, mit Münsterkäsescheiben abdecken und im Ofen bei 200 Grad ca. 25 Minuten überbacken.

MEIN TIP: Ein Riesling als Begleiter gibt diesem Gericht die rechte Note.

Landauer Lauchtorte

500 g gesalzener Mürbeteig
(s. S. 168)
400 g Lauch (geputzt)
20 g Rauchfleisch (gewürfelt)
6 Eier
150 g Crème fraîche
250 g Milch
30 g Butter
Muskat (frisch gemahlen)
Salz, Pfeffer
(frisch gemahlen)

Den geputzten, in Streifen geschnittenen Lauch kurz mit Butter andünsten, dann mit dem gewürfelten Rauchfleisch vermengen und in die mit Mürbeteig ausgelegte Form (30 cm Durchmesser) geben. Eier, Crème fraîche und Milch gut vermischen, mit Salz, Pfeffer und Muskat abschmecken. Die Eiermasse über den Lauch gießen, leicht vermischen und im vorgeheizten Ofen bei 200 Grad ca. 35 Minuten backen.

MEIN TIP: Wer vegetarische Kost liebt, kann statt Rauchfleisch 60 g Champignons verwenden.
Zur Landauer Lauchtorte paßt ein Pfälzer Riesling.

Billigheim-Ingenheim: Restaurant Pfälzer Hof

Hauptstraße 45
6741 Billigheim-Ingenheim
Telefon (063 49) 86 16
Inhaber:
Hans-Erich Wittenberg
Küchenchef und -meister:
Hans-Erich Wittenberg
Ruhetag: Montag, Dienstag
Terrasse
Übernachtungsmöglichkeit
(Gästehaus)

So mancher Gast soll allein schon des Service wegen den »Pfälzer Hof« in Ingenheim aufgesucht haben, den die Familie mit Engagement und Herzlichkeit versieht. In der Küche führt Hans-Erich Wittenberg das Regiment und bietet seinen Gästen traditionelle Zubereitungen von Schwein, Rind und Kalb, Wild-, Lamm- und Fischgerichte sowie eine kreative Küche, wobei er immer seiner Maxime, nur frische Produkte zu verarbeiten, treu bleibt. Schon früh war der Küchenmeister diesem Haus verbunden, das er 1983 vom Vater übernommen und ein Jahr später umgebaut hat.
Ein gediegenes Mobiliar und warme Farben bestimmen die beiden Galerie mit rund 60 Sitzplätzen und vermitteln Behaglichkeit und Ruhe. Für Festlichkeiten und Gesellschaften stehen ein Nebenzimmer (bis 30 Personen) und ein Saal (bis 120 Personen), für Tagungen die geeigneten Räume mit den entsprechenden technischen Mitteln, wie Projektoren, Videorecorder und Rednerpult, zur Verfügung. Im romantischen Innenhof spendet ein über 200 Jahre alter Rebstock Schatten und verspricht an heißen Tagen einen angenehmen Aufenthalt.

Unser Menü:
Pfälzer Lasagne
* * *
Kaninchenrücken mit Apfelsemmelplätzchen
* * *
Weinschaumeis auf Spätburgundercreme

Pfälzer Lasagne

Nudelteig:
1 Ei
3 Eigelbe
1/2 TL Traubenkernöl
1 Prise Salz
200 g Mehl (Type 405)
Mehl zum Bestäuben
evtl. 100 g frischen Spinat

Füllung:
160 g frisches Sauerkraut
Petersilie
Salz, Pfeffer aus der Mühle
150 g Sauerrahm
1/8 Ltr. Sahne
1/8 Ltr. Grauer Burgunder
160 g Rauchfleischstreifen
30 g Butter
2 Tomaten
Kerbelblätter

Ei, Eigelbe, Öl und Salz in eine Schüssel geben und mit dem Schneebesen gut verrühren. Nach und nach das Mehl dazusieben und mit den Händen alles so lange verkneten, bis sich der Teig vom Schüsselrand löst.
Für Spinatnudeln (Abwandlung) fügt man der Hälfte des Teiges 100 g frischen, blanchierten Spinat, den man gut ausgedrückt und püriert hat, hinzu. Zusätzlich 2 bis 3 Eßlöffel Mehl hinzugeben, damit der Teig seine gewünschte Festigkeit erhält.
Den weißen und grünen Nudelteig zu je einer langen Bahn von etwa 10 cm Breite und 1 mm Dicke ausrollen. In 16 gleichmäßige herzförmige Stücke teilen. Auf einem mit Mehl bestäubten Pergamentpapier trocknen lassen.
Das Sauerkraut mit dem Grauburgunder etwa 10 Minuten kochen, die Rauchfleischstreifen rösten und zu dem abgetropften und abgekühlten Sauerkraut hinzugeben. Unter die Hälfte des Sauerrahms die geschlagene Sahne sowie Petersilie, Salz und Pfeffer hinzugeben. Den restlichen Sauerrahm ebenfalls mit Petersilie, Salz und Pfeffer abschmecken.
Die Nudeln in kochendem Salzwasser bißfest garen und auf einem Sieb abtropfen lassen. Eine feuerfeste Form leicht ausbuttern. Nun abwechselnd Nudelherzen, Sauerkraut, Rauchfleisch und Sauerrahmsauce darin schichten; mit einem Nudelherz abschließen, das man mit einem Löffel Sauerrahmsauce überzieht. Im Grill kurz überbacken.
Auf die Mitte des vorgewärmten Tellers die Pfälzer Lasagne anrichten und mit abgezogenen Tomatenvierteln und frischen Kerbelblättern garnieren.

Kaninchenrücken mit Apfelsemmelplätzchen

2 Kaninchenrücken
(etwa 800 g)
35 g Butterfett
2 Schalotten
8 zerdrückte schwarze Pfefferkörner
1/8 Ltr. Dornfelder Rotwein, trocken
1/2 Ltr. heller Kalbsfond
1 Msp. Speisestärke
2 frische Zweige Thymian

Die Kaninchenfilets mit einem spitzen, scharfen Messer vom Rücken auslösen und von Sehnen und Fett befreien. Die Knochen kleinhacken und zusammen mit den Kaninchenfilets in der Hälfte des Butterfetts anrösten. Die Schalotten abziehen, fein würfeln und zusammen mit den Pfefferkörnern zufügen. Alles kräftig durchrösten. Mit dem Rotwein angießen und dem Fond auffüllen. 20 bis 25 Minuten bei milder Hitze köcheln. Durch ein feines Haarsieb passieren, wieder auf den Herd stellen und auf etwa 0,1 Ltr. Flüssigkeit einkochen. Mit der angerührten Speisestärke binden. Die

Salz, Pfeffer aus der Mühle
1 cl roter Portwein

Apfelsemmelplätzchen:
100 g Stangenweißbrot
ohne Rinde
0,1 Ltr. Sahne
1 Apfel
3 Teelöffel Zucker
3 cl Apfelbrand
1 EL Zitrone
1 EL Quark
3 Eigelbe
Salz, Muskat
Butter zum Braten

gehackten Thymianblättchen zufügen, mit Salz, Pfeffer und dem Portwein abschmecken.
Die Kaninchenfilets salzen und pfeffern. In dem restlichen erhitzten Butterfett 3 bis 4 Minuten rosé braten, mit Alufolie abdecken und noch 2 Minuten ziehen lassen.
Den Apfel schälen und in kleine Würfel schneiden.
In der Mischung aus Apfelbrand, Zucker und Zitrone 15 Minuten marinieren. Das Weißbrot einweichen, ausdrücken, mit Quark, Eigelb, Apfelstücke, Salz und frisch geriebenem Muskat mischen. Eine Probe der Masse in geklärter Butter braten. Sollte die Masse nicht halten, etwas entrindetes, geriebenes Weißbrot dazugeben. Dann Plätzchen backen.
Beim Anrichten das Fleisch in feine Fächer schneiden, auf vorgewärmte Teller geben und mit der Sauce nappieren. Dazu die Apfelsemmelplätzchen servieren.

Weinschaumeis auf Spätburgundercreme

5 dl Riesling Auslese
150 g Zucker
180 g Butter
3 Eigelbe

Spätburgundercreme:
125 g Crème fraîche
60 g Puderzucker
8 cl Spätburgunder
2 cl Pfälzer Weinbrand
80 g geschlagene Sahne
20 Weintrauben zum
Garnieren
1 TL Johannisbeer-
marmelade

Den Wein mit dem Zucker auf 60 Grad erhitzen.
Mit einem Pürierstab die Butter untermixen und weiter auf 80 Grad erhitzen. Zusammen mit den Eigelben im Mixer etwa acht Minuten verschlagen, anschließend in der Eismaschine frieren.
Die Crème fraîche mit Puderzucker und Spätburgunder verrühren, mit Pfälzer Weinbrand aromatisieren und zum Schluß die Schlagsahne unterziehen. Um eine schöne Farbe zu erhalten, gibt man das Johannisbeergelee hinzu.
Auf jeden Teller einen Kreis von der Spätburgundercreme bilden, mit den halbierten Weintrauben garnieren. Das Weinschaumeis in der Mitte anordnen und sofort servieren.

Dazu unsere Weinempfehlung:

1988er Nußdorfer Kaiserberg, Grauer Burgunder Kabinett trocken

* * *

1987er Birkweiler Rosenberg, Spätburgunder trocken, Holzfaßausbau

* * *

1985er Siebeldinger im Sonnenschein, Riesling Auslese

Birkweiler:
Hotel-Restaurant St. Laurentius Hof

Hauptstraße 21
6741 Birkweiler
Telefon (06345) 8945
Inhaber: Familie Tarjan
Küchenchef: Dieter Baßler
Ruhetag: Montag
Terrasse
Übernachtungsmöglichkeit
(Hotel)

Der heilige Laurentius muß eine schützende Hand über dieses Anwesen gehalten haben, denn nachdem es lange vor sich hindämmerte, wurde es im richtigen Moment »entdeckt«. Aus dem alten Winzerhof entstand 1985 in mühevoller Kleinarbeit ein schönes Hotel-Restaurant, das viel typisch Pfälzisches in sich birgt: die Weinreben, die gesamte Haus-Hof-Anlage, viele Details in den beiden Galsträumen, die insgesamt 130 Personen Platz bieten, sowie die ausschließlich Birkweiler Weine – beachtlich ist dabei übrigens die riesige Auswahl von 17 offenen und 24 Flaschenweinen von QbA bis Spätlese. An lauen Sommerabenden kann man die guten Tropfen auch im Hof unter dem alten Scheunendach probieren. Dazu passen auch die gutbürgerlich-gehobenen Speisen der Standardkarte, die durch ein saisonales Angebot noch ergänzt wird.

Der Name des Lokals kommt übrigens von der St. Laurentrebe. Birkweiler ist einer der wenigen Orte in der Pfalz, wo sie noch angebaut wird.

Unser Menü:
Gänseleber auf Feldsalat
* * *
Sauerampfersuppe mit gerösteten Mandeln
* * *
Schweinelendchen in Blätterteig
* * *
Weincreme an Fruchtsauce

Gänseleber auf Feldsalat

200 g Gänseleber
4 Scheiben Toastbrot
200 g Feldsalat oder Blatt-
salat nach Belieben
1 EL Himbeeressig
2 EL Traubenkernöl
Salz
Pfeffer
Butter

Salatmarinade aus Essig und Öl herstellen, lediglich mit Pfeffer und Salz abschmecken, den Salat damit anmachen und auf vier Tellern verteilen.
Das Weißbrot in grobe Würfel schneiden, in reichlich Butter bei schwacher Hitze goldgelb rösten, über den Salat streuen. Die Gänseleber in kleine Scheiben schneiden, ganz kurz in Butter braten, über den Salat geben. Lauwarm servieren.

Sauerampfersuppe mit gerösteten Mandeln

200 g Sauerampfer
2 Schalotten
Butter
10 g Mehl
1 Ltr. Brühe
100 g Sahne
2 Eigelb
Mandeln (gehobelt)
Muskatnuß
Salz, Pfeffer
1 Prise Zucker
etwas Weißwein

Die Schalotten fein würfeln, in Butter glasig dünsten, den von den Stengeln befreiten Sauerampfer dazugeben, kurz mitdünsten, mit der Brühe aufgießen, 10 Minuten kochen lassen, dann durch ein Sieb passieren. Suppe mit Salz, Pfeffer, Muskatnuß, einer Prise Zucker und einem Schuß Weißwein abschmecken. Mit einer leichten Mehlschwitze sämig binden, mit der Sahne und dem Eigelb legieren. Die Mandeln ohne Fett in der Pfanne leicht rösten und beim Servieren über die Suppe streuen.

Schweinelendchen in Blätterteig

2 ganze Schweinelendchen
1 Paket Blätterteig
(gefroren)
einige Blätter frischen Spinat
oder Wirsing
(je nach Jahreszeit)
1 Eigelb
Salz, Pfeffer

Schweinelendchen von Fett und Häuten befreien, den Kopf und die Spitze wegschneiden, die Lenden halbieren. Die vier Fleischstücke mit Salz und Pfeffer gut würzen, in der Pfanne bei starker Hitze auf allen Seiten kurz anbraten, herausnehmen und etwa fünf Minuten ruhen lassen.
Den aufgetauten Blätterteig dünn ausrollen. Die Gemüseblätter kurz in Salzwasser blanchieren und erkalten lassen, gut abtropfen. Den Blätterteig mit den Gemüseblättern dünn belegen, die Fleischstücke darauflegen und einzeln in Blätterteig einschlagen, mit kleinen ausgestochenen Teigfiguren verzieren, mit Eigelb bestreichen, 20 Minuten ruhen lassen. Danach im vorgeheizten Backofen bei 200 Grad knusprig backen.
Mit einer Béarner oder Rahmsauce mit grünem Pfeffer sofort servieren.
Beilagen: frisches Gemüse, in Butter gedünstet, und Kroketten.

Weincreme an Fruchtsauce

3 Eigelb
100 g Zucker
6 g Gelatinepulver
0,17 Ltr. Milch
1/4 Ltr. Morio-Muskat
0,2 Ltr. Schlagsahne
Fruchtsauce (Fertigprodukt)
frisches Obst

Eigelb und Zucker im Wasserbad schaumig rühren. Milch, Wein und Gelatine leicht erwärmen und mit dem Eigelb gut verrühren, das Ganze im Kühlschrank erkalten lassen. Anschließend die sehr steif geschlagene Sahne darunterziehen. Die Masse in angefeuchtete Kaffeetassen füllen und im Kühlschrank steif werden lassen. Einen großen flachen Teller mit Puderzucker bestreuen, einen Spiegel von Fruchtsauce in die Mitte gießen und die Creme daraufstürzen, mit Scheiben von Kiwi garnieren.

Dazu unsere Weinempfehlung:
Birkweilerer Weißer Burgunder Kabinett trocken
* * *
Birkweilerer St. Laurent QbA trocken
* * *
Schwarzriesling rosé trocken

Gebackene Eier »Slevogt«

12 Eier
20 g Zwiebeln (gewürfelt)
2 Knoblauchzehen
30 g Butter
20 g Mehl
0,1 Ltr. Pfälzer Müller-Thurgau
0,2 Ltr. Fleischbrühe
(s. S. 166)
100 g Crème fraîche
10 g Senf
150 g Champignons aus der Dose
3 mittelgroße Tomaten
1 g Kräuter der Provence
10 g Petersilie
Salz, Pfeffer
(frisch gemahlen)
1 Prise Zucker
1/2 Ltr. Öl

Die Zwiebeln mit der zerdrückten Knoblauchzehe in Butter anschwitzen und mit Mehl vermischen. Mit Pfälzer Müller-Thurgau, Fleischbrühe, Crème fraîche und Senf auffüllen. Nun das Ganze gut durchkochen lassen. Champignons, Kräuter der Provence und Tomatenstücke ohne Haut und Kerne dazugeben und abschmecken. Die Eier einzeln in einer tiefen Pfanne mit viel heißem Öl wie in einer Friteuse backen. Dabei soll der Eidotter noch weich sein. Die Eier anrichten und mit der Sauce überziehen.

MEIN TIP: Die gebackenen Eier können zum Abendbrot oder als Zwischengericht nach der Suppe gereicht werden. Dazu empfiehlt sich derselbe Pfälzer Dornfelder als Getränk.
Gebackene Eier sind keine Spiegeleier – die brät man am besten in Butter –, sondern man backt (fritiert) sie in sehr viel Öl.

Der berühmte impressionistische Maler Max Slevogt, der gerne gebackene Eier gegessen haben soll, war von der Pfalz ihres Lichtes wegen fasziniert. Er lebte lange Jahre auf einem Schloßgut bei Leinsweiler, das man heute den »Slevogthof« nennt. Eine Sammlung seiner Gemälde befindet sich in der Villa Ludwigshöhe bei Edenkoben.

Gefüllte Pfälzer Zwiebel mit Salmwürfel

Landauer Lauchtorte

Filetpfanne »König Ludwig«

Elwedritsche-Buckel

Filetpfanne »König Ludwig«

300 g Schweinelendchen
250 g Kalbslendchen
250 g Rinderlendchen
30 g Bratfett
40 g Butter
60 g Zwiebelwürfel
200 g frische Champignons
1 kleine Dose Aprikosen
40 g Mandelstifte
30 g Karottenstreifchen
30 g Lauchstreifchen
0,1 Ltr. Pfälzer Müller-Thurgau
0,3 Ltr. Braune Grundsauce (s. S. 166)
80 g Crème fraîche
20 g Butter
Salz, Pfeffer
etwas Zucker

Die Lenden in kleine Medaillons schneiden, mit Salz und Pfeffer würzen, in Bratfett kurz anbraten, herausnehmen und warm stellen.
In der gleichen Pfanne Butter und Zwiebelwürfelchen anschwitzen und mit Pfälzer Müller-Thurgau ablöschen. Die in Scheiben geschnittenen Champignons zufügen und etwas einkochen lassen. Nun die Mandelstifte, Aprikosen (ohne Saft, klein gewürfelt), Karotten- und Lauchstreifchen dazugeben, mit der braunen Grundsauce auffüllen und etwas durchkochen lassen. Zum Schluß die Crème fraîche unterrühren, mit Salz, Pfeffer und etwas Zucker abschmecken und die Butter unterschlagen. Sauce über das Fleisch gießen und servieren.

MEIN TIP: Als Beilage eignen sich sehr gut ein Rülzheimer Kartoffelomelette und ein bunter Jahreszeiten-Salat mit einem Honig-Dressing (s. S. 171).

Bayernkönig Ludwig I. erfüllte sich in der Pfalz einen Jugendtraum, indem er sich eine »Villa italienischer Art, nur für die schönste Jahreszeit bestimmt, in des Königreichs mildestem Teile« erbauen ließ. Auf einer Anhöhe über Edenkoben entstand in der Mitte des letzten Jahrhunderts »Schloß Ludwigshöhe« – ein Kleinod klassizistischer Baukunst mit herrlichen, im pompejanischen Stil ausgemalten Räumen.

Elwedritsche-Buckel

*800 g Schweinerückensteak
(4 Stück à 200 g)
40 g Bratfett
60 g Butter
60 g Zwiebelwürfelchen
0,1 Ltr. Pfälzer Ruländer
0,4 Ltr. Braune Grundsauce
(s. S. 166)
200 g Steinpilzscheiben
(frisch oder tiefgefroren)
80 g Tomatenwürfel ohne
Haut
80 g Sahne
80 g Crème fraîche
Zitronensaft
Koriander
Muskat, Zucker
Salz, Pfeffer
(frisch gemahlen)
20 g Petersilie (gehackt)*

Schweinerückensteaks ohne Knochen mit Salz, Pfeffer, wenig Muskat und wenig gemahlenem Koriander würzen, in Mehl wenden und anbraten. Das Fleisch aus der Pfanne nehmen und warm stellen.
In der gleichen Pfanne 20 g Butter und die Zwiebeln geben, das Ganze anschwitzen. Mit Pfälzer Ruländer ablöschen, etwas einkochen lassen und mit brauner Grundsauce auffüllen. Mit Salz, Zucker und den Gewürzen abschmecken, Sahne und Crème fraîche unterrühren. Steinpilzscheiben darin gar kochen lassen, die restliche Butter darunterschlagen und die Tomatenwürfel hinzufügen. Die Sauce über das Fleisch geben.

MEIN TIP: Hierzu munden Pfälzer Spätzle und eine Flasche Pfälzer Wein von der Sorte Ruländer.

Ach, sind sie nicht niedlich, diese lustigen fabelhaften Vögel, die es nur in der Pfalz gibt? Sie heißen Elwedritsche und sind die Urahnen der bayerischen Wolpertinger. Jagen kann man sie nur nachts – am besten bei Vollmond und mit Stalllaterne und Fangsack bewaffnet. Weidmannsheil!

Schweinefilet in Huxelwein-Rahmsauce

1000 g Schweinefilet
30 g Bratfett
20 g Butter
50 g Zwiebelwürfel
0,2 Ltr. Pfälzer Huxelrebe Spätlese
2 TL Stärkepuder
50 g Crème fraîche
150 g Sahne
1 TL frisches oder 1/2 TL getrocknetes Basilikum
1 TL Curry
Salz, Pfeffer
Zucker

Das Schweinefilet in 12 gleichgroße Medaillons schneiden, etwas platt drücken, mit Salz und Pfeffer würzen und in der heißen Pfanne anbraten, herausnehmen und warm stellen.
Nun in der Pfanne Zwiebelwürfel in Butter anschwitzen, mit der Pfälzer Huxelrebe auffüllen, ca. 2 Minuten kochen lassen, die angerührte Stärke hineinrühren und nochmals gut durchkochen lassen. Mit Crème fraîche und Sahne verfeinern und würzen. Die Sauce über das Fleisch geben.

MEIN TIP: Dieses Gericht hat einen exotischen Touch, hervorgerufen durch die außergewöhnliche Huxelrebe und den Curry. Als Beilage eignen sich sehr gut die Pfälzer Mandeltaler und als Getränk die restliche gut gekühlte Pfälzer Huxelrebe Spätlese.

Schweinerückensteaks mit Portugieser-Pflaume

800 Schweinerückensteak (4 Stück à 200 g)
20 g Bratenfett
40 g Butter
30 g Zucker
40 g Zwiebeln (sehr klein gewürfelt)
0,2 Ltr. Pfälzer Portugieser
0,4 Ltr. Braune Grundsauce (s. S. 166)
2 cl Pfälzer Weinbrand
70 g Crème fraîche
300 g Pflaumen (gefroren oder frisch, ohne Steine)
etwas Koriander
Salz, Pfeffer

Schweinerückensteaks mit Salz und Pfeffer würzen und in einer Pfanne mit Bratenfett anbraten, herausnehmen und warm stellen.
In die gleiche Pfanne Butter geben, mit dem Zucker verschmelzen lassen, bis der karamelisiert, Zwiebeln hinzufügen und sofort mit dem Pfälzer Rotwein ablöschen. Etwas einkochen lassen, mit brauner Bratensauce auffüllen, wieder gut durchkochen lassen. Pfälzer Weinbrand hinzugießen und noch etwas weiter kochen lassen. Nun mit der Crème fraîche verrühren, abschmecken und die Pflaumen darunterheben, nochmals aufkochen lassen, und die Sauce über das Fleisch geben.

MEIN TIP: Als Beilage empfehle ich Pfälzer Spätzle, ein bunter Salatteller und ein Glas Portugieser Rotwein.

Schweinelendchen »Lola Montez«

*800 g Schweinelendchen
(ohne Fett und Sehnen)
20 g Bratfett
40 g Butter
40 g Zwiebelwürfel
4 cl Pfälzer Silvaner
6 cl Apfelsaft
6 cl Pfälzer Apfel-
Branntwein
80 g Apfelstücke
60 g Champignons
aus der Dose
1 El Crème fraîche
0,1 Ltr. Sahne
0,1 Ltr. Braune Grundsauce
(s. S. 166)
Salz, Pfeffer
(frisch gemahlen)
1 Prise Zucker*

Das Schweinelendchen in Medaillons schneiden, mit Salz und Pfeffer würzen, in Mehl wenden, anbraten und aus der Pfanne nehmen. In der gleichen Pfanne Zwiebelwürfelchen in Butter anschwitzen. Mit Pfälzer Silvaner und Apfelsaft ablöschen, Apfel-Branntwein, Apfelstücke, gehackte Champignons, Crème fraîche, Sahne und Bratensaft dazugeben und die Flüssigkeit so lange einkochen lassen, bis die Sauce sämig ist.
Nun das Ganze abschmecken.

Ehefrauen, Frauen und Freundinnen aufgepaßt, mit diesem Gericht kann man Männer verführen! Denn bis heute hält sich immer noch hartnäckig die Behauptung, daß Lola Montez, die feurige spanische Tänzerin, König Ludwig I. damit verzaubern konnte. Bei diesem Rezept werden Sie verstehen, daß man (Mann) nicht widerstehen kann.

Schweinebraten »Richard Löwenherz«

800 g Schweinekeule
1 Schweinenetz oder
Bratfolie
250 g Weißbrot
4 Eier
10 g Schnittlauch
(fein geschnitten)
5 g Petersilie (fein gehackt)
1 g Muskat
1 g Pfeffer
10 g Würzmittel
1 g Provençalische Kräuter
10 g Knoblauch
75 g Senf

Sauce:
50 g Lauch
45 g Sellerie
250 g Tomaten
75 g Karotten
300 g Zwiebeln
1 Knoblauchzehe
0,25 Ltr. Pfälzer Grauburgunder
0,3 Ltr. Wasser
100 g Sahne
50 g Crème fraîche
1 Nelke
6 Pfefferkörner
2 Lorbeerblätter
Salz, Zucker

Weißbrot von der Rinde befreien, in kleine Würfel schneiden, darüber die verquirlte Eiermasse geben und aufweichen lassen. Für die Eiermasse werden die Eier mit Schnittlauch, Petersilie, Muskat, Pfeffer, Würzmittel, Provençalischen Kräutern, Knoblauch gut verschlagen.

Das Schweinenetz etwas wässern (in kaltem Wasser), vorsichtig ausdrücken. Nun eine Klarsichtfolie auf dem Arbeitstisch ausbreiten und dann das Schweinenetz darauf auslegen. Die Weißbrotmasse auf dem Schweinenetz verteilen, die gewürzte und mit Senf bestrichene Schweinekeule darauflegen und mit der restlichen Masse einstreichen. Jetzt wird das Ganze mit dem Schweinenetz eingewickelt – dabei nimmt man die Folie zu Hilfe – und in einem Bräter im Backofen bei 90 Grad zwei Stunden gegart. Dabei gibt man am besten sofort die restlichen Zutaten für die Sauce (Lauch, Sellerie, Tomaten, Karotten, Zwiebeln, Knoblauch sowie Nelke, Pfefferkörner, Lorbeerblätter, Salz, Zucker) dazu.

Wenn der Braten gar ist, nimmt man das Fleisch heraus und hält es warm. Den Bräter stellt man auf den Ofen und läßt die restlichen Zutaten gut braun werden. Dann wird mit Grauburgunder abgelöscht und mit 0,3 Ltr. Wasser aufgefüllt. Das Ganze wird mit Sahne und Crème fraîche verfeinert und passiert.

Nochmals abschmecken, das Fleisch in Scheiben schneiden, auf eine Platte legen, und die Sauce extra servieren.

Der Trifels bei Annweiler gehört zu den imposantesten Burgen der Pfalz. Er beherbergte lange Jahre die Reichskleinodien, und in ihm wurde 1193/94 der englische König Richard Löwenherz gefangengehalten. Eingekerkert – wie Löwenherz – wird auch dieser Schweinebraten, zu dem man einen Pfälzer Grauburgunder reichen sollte, damit er sich in seinem Netz nicht so alleine fühlt.

Spätburgunder-Schinken

*1000 g Schweinekeule
(mit Speck und Schwarte,
ohne Knochen)
35 g Pökelsalz
0,5 Ltr. Pfälzer
Spätburgunder
10 g Zucker
2 Knoblauchzehen in
Scheiben geschnitten
2 g Liebstöckel
1 g Muskat
2 Lorbeerblätter
4 Wacholderbeeren
2 Nelken
1 g Majoran*

Sauce:
*60 g Butter
50 g Zwiebelwürfelchen
200 g Champignons
4 KL Dijon-Senf
20 cl Pfälzer Spätburgunder
20 cl obiger Fond
100 g Sahne
40 g Mehlbutter (20 g Mehl,
20 g Butter)
Salz, Pfeffer
(frisch gemahlen)
Prise Zucker*

Das Fleisch mit den restlichen Zutaten einlegen, dabei sollte es mit dem Fond bedeckt sein. Das Ganze nun sechs Tage in den Kühlschrank stellen und dabei immer wieder wenden.
Dann das Fleisch mit dem Fond und etwas Wasser ca. $1^{1}/_{2}$ Stunden garen und warm stellen.
Für die Sauce Butter und Zwiebeln in einer Pfanne anschwitzen, die in Scheiben geschnittenen Champignons und Senf dazugeben. Mit dem Pfälzer Spätburgunder und dem Fond ablöschen und das Ganze etwas einkochen lassen. Sahne hineinrühren, mit der Mehlbutter abbinden und mit den Gewürzen abschmecken. Das Fleisch in Scheiben (Tranchen) schneiden und die Sauce darübergießen.

MEIN TIP: Zu diesem Gericht trinkt man am besten einen Pfälzer Rotwein.

Winzer-Ragout

800 g Schweinekeule
0,2 Ltr. Pfälzer
Gewürztraminer
60 g Zwiebeln
(fein gewürfelt)
15 g Tomatenmark
20 g Mehl
60 g Perlzwiebeln
(aus dem Glas)
10 g Streuwürze
1 Knoblauchzehe
1 Nelke
2 Lorbeerblätter
8 g Koriander (gemahlen)
2 g Pfeffer
Salz, Zucker

Schweinekeule in 3 x 3 cm große Stücke schneiden, mit den Gewürzen in eine Schüssel geben, den Pfälzer Gewürztraminer darüberschütten und 2 Tage im Kühlschrank marinieren.
Das Fleisch dann in ein Sieb legen und den Fond auffangen. Die Fleischwürfel mit den feingewürfelten Zwiebeln gut anbraten, salzen, Tomatenmark und Mehl dazugeben und weiter anrösten, damit das Ragout Farbe bekommt. Mit dem Fond und 0,55 Ltr. Wasser auffüllen, die gewürfelten Karotten dazugeben und das Ganze garen. Zum Schluß die abgetropften Perlzwiebeln dazuschütten und abschmecken.

MEIN TIP: Lassen Sie sich dazu einen Pfälzer Gewürztraminer oder zur Zeit der Weinlese einen neuen Wein schmecken.

Dernbach:
Gasthaus Schneider

Hauptstraße 88
6741 Dernbach
Telefon (06345) 8348
Inhaber: Kurt Roth
Küchenchefin:
Petra Roth-Püngler
Ruhetag: Montag
Übernachtungsmöglichkeit
(Ferienwohnungen)

Der Landgasthof »Schneider« im romantischen Dernbachtal ist seit mehr als 100 Jahren in Familienbesitz. Inhaber Kurt Roth bekommt seit 1988 Schützenhilfe von seiner Tochter Petra, die in der Küche den Ton angibt. Das Handwerkszeug lernte sie bei Claus Schreiner in Landau, und ihre Sporen verdiente sie sich dann im Badischen, in der Schweiz sowie im Saarland. Derart gewappnet, bietet sie ihren Gästen neben Pfälzer Spezialitäten aus eigener Schlachtung eine gutbürgerlich-gehobene Küche, in der nur Frischprodukte Verwendung finden. Täglich stehen außerdem Fisch, Geflügel und Wild in verschiedenen Variationen zur Wahl.
Dazu mundet ein hauseigener Wein der beliebten Sorten, der von der Familie Roth auf zwei Hektar Rebfläche in Gleisweiler und Böchingen angebaut wird. Aus eigener Brennerei stammen auch sämtliche Digestifs. Die beiden gemütlichen Galerieräume – mit Faßböden, die die Burgen der Region in Schnitzereien zeigen, ausgestattet – bieten insgesamt 110 Personen Platz. Erholungsuchenden stehen darüber hinaus heimelige Ferienwohnungen zur Verfügung, um in aller Ruhe auszuspannen.

Unser Menü:

Perlhuhnbrust mit
Gemüse-Vinaigrette und
Wingertsalat in Kartoffel-
Dressing

* * *

Pfälzer Lammrücken mit
Kräuterkruste, Thymian
und Reibekuchen

* * *

Mousse von Pfälzer
Kastanien auf Orangen

Perlhuhnbrust mit Gemüse-Vinaigrette und Wingertsalat in Kartoffel-Dressing

*2 gleichgroße Perlhuhnbrüste à 160 g
1 Schweinenetz
(vom Metzger)
1 mittelgroße Karotte
1/2 Stange Lauch
ca. 50 g Knollensellerie
4 EL Himbeeressig
2 EL Walnußöl
1 gekochte mittelgroße Kartoffel
200 g Feldsalat
2 EL Crème fraîche
Salz
Pfeffer aus der Mühle*

Die Perlhuhnbrüste in das Schweinenetz einschlagen und mit Salz und Pfeffer leicht würzen, in etwas Pflanzenfett anbraten und bei schwacher Hitze ca. 5 Minuten fertiggaren.
Den gewaschenen Lauch, den Sellerie und die Karotte in feine Julienne (Streifen) schneiden, in kochendem Salzwasser blanchieren und in kaltem Wasser abschrecken. Danach die Gemüsestreifen mit 2 EL Himbeeressig, 1 EL Walnußöl, Salz und Pfeffer marinieren. Die noch warme Kartoffel mit dem Mixstab fein pürieren, die Crème fraîche hinzugeben, mit dem Rest Essig und Öl eine Marinade herstellen und den Feldsalat darin anmachen. Auf einem Teller anrichten.
Die noch warmen Perlhuhnbrüste in Scheiben schneiden und auf vier Tellern verteilen. Dann die Gemüsestreifen auf das Perlhuhn, daneben den Feldsalat geben.

Pfälzer Lammrücken mit Kräuterkruste, Thymiansauce und Reibekuchen

800 – 1000 g Lammrücken ohne Knochen (4 gleich große Stücke)

Kräuterkruste:
*6 Knoblauchzehen
3 EL frische gehackte Kräuter (Petersilie, Schnittlauch, Estragon, Salbei, Basilikum)
6 EL Semmelbrösel
1 TL Senf (mittelscharf)
100 g Butter
2 EL geriebener Hartkäse
Salz, Pfeffer*

Den Knoblauch in feine Würfel schneiden und mit den gehackten Kräutern, Semmelbrösel, Senf, Butter und Käse zu einer Masse verarbeiten, würzen und kühl stellen.

Sauce:
*1/4 Ltr. klarer Bratensaft (möglichst vom Lamm)
1/8 Ltr. kräftiger Portugieser Rotwein
2 cl Portwein
2 cl Madeira
1 Bund frischer Thymian
2 Schalotten
2 Zehen Knoblauch*

Die Schalotten und den Knoblauch in feine Würfel schneiden und in etwas Butter anschwitzen, den frischen Thymian dazugeben und mit dem Rotwein ablöschen, mit Portwein, Madeira und dem Bratensaft auffüllen und ca. 5 bis 10 Minuten einkochen lassen. Danach mit etwas angerührter Speisestärke binden, würzen und durch ein Sieb streichen.

Reibekuchen:
4 mittelgroße rohe Kartoffeln
1 EL Mehl
1 Ei
Muskat
Salz, Pfeffer

Die rohen Kartoffeln in eine Schüssel reiben, Mehl und Ei hinzufügen und würzen. Die Kartoffelmasse in der vorgeheizten Pfanne mit einem Löffel zu kleinen Küchlein formen und goldbraun backen.
Den ausgebeinten Lammrücken von Sehnen und Fett befreien, mit Salz und Pfeffer würzen und auf beiden Seiten in Öl ca. 5 bis 10 Minuten braten, so daß das Lamm in der Mitte noch medium ist. Das Lamm aus der Pfanne nehmen, in Alufolie einschlagen und 5 Minuten ruhen lassen. Dann die fertige Kräuterkruste auf das Lamm geben und im vorgeheizten Backofen oder Grill (höchste Stufe) überbacken. Das Lamm auf einem vorgewärmten Teller mit der Thymiansauce und den Reibekuchen servieren. Als Gemüsebeilagen eignen sich je nach Saison Fenchel, Broccoli, Bohnen oder Paprika.

Mousse von Pfälzer Kastanien auf Orangensauce

3 Eiweiß
130 g Zucker (Puderzucker)
4 Blatt Gelatine
400 g geschlagene Sahne
250 g pürierte Kastanien
6 cl Kirschwasser

Orangensauce:
1/4 Ltr. frischer Orangensaft
Saft einer Zitrone
50 g Zucker
abgeriebene Schale von
2 Orangen
2 cl Grand Marnier
1 KL Speisestärke

Das Eiweiß mit dem Zucker gut steif schlagen. Dann das Kastanienpüree mit dem Kirschwasser unter das Eiweiß geben und die aufgelöste Gelatine unterrühren. Kurz bevor die Masse zu stocken beginnt, die steife Sahne vorsichtig unterheben und in einer Schüssel eine Stunde kalt stellen.
Für die Sauce den Zucker in einer Kasserolle leicht karamelisieren lassen und mit dem Zitronen- und Orangensaft ablöschen. Die geriebene Orangenschale und den Grand Marnier hinzufügen und 5 Minuten kochen lassen. Danach mit der angerührten Speisestärke leicht abbinden und kalt stellen. Auf einen kalten Teller die Orangensauce gießen und das Kastanien-Mousse mit einem Löffel aus der Schüssel abstechen und auf die Sauce geben. Mit etwas geschlagener Sahne und Kastanien garnieren und servieren.

Dazu unsere
Weinempfehlung:
1989er Gleisweiler Hölle,
Riesling Spätlese trocken
* * *
1988er Gleisweiler Hölle,
Portugieser Weißherbst
trocken
* * *
1989er Gleisweiler Hölle,
Gewürztraminer Auslese

Edenkoben:
Gutshof Ziegelhütte

Luitpoldstraße 79 c
6732 Edenkoben
Telefon (06323) 1551
und 7051
Inhaber:
Familie Thomas Langhauser
Küchenchef:
Thomas Langhauser
Ruhetag: Montag, Dienstag
Terrasse
Übernachtungsmöglichkeit
(Hotel)

Im Gebäude einer alten Ziegelei aus dem 18. Jahrhundert entstand 1961 das Restaurant »Ziegelhütte«. Als Relikte des einstigen Handwerksbetriebs kann der Besucher den ehemaligen Brennofen, in dessen Gewölbe ein Gastraum eingepaßt wurde, sowie Kamin und Schornstein besichtigen. Beachtung verdienen auch die vielen schmiedeeisernen Arbeiten, die an diesem Ort zu einer Zeit entstanden, als die Ziegelei noch eine Schmiede beherbergte. Seit 1984 steht die Familie Langhauser dem Anwesen vor und bemüht sich um behagliche Atmosphäre für ihre Gäste. Die Räumlichkeiten der »Ziegelhütte« – vier an der Zahl, mit insgesamt über 160 Sitzplätzen – sind für Familienfeste, Vereinsfeiern und Veranstaltungen jeglicher Art wie geschaffen. Im Gutshof ist außerdem ein Café sowie seit 1988 ein Hotel untergebracht.

Thomas Langhauser, der bei Claus Schreiner und in renommierten Hotelküchen am Starnberger See und in Amsterdam sein Handwerk erlernte, gestaltet eine abwechslungsreiche Speisekarte, die neben Pfälzer Spezialitäten und gutbürgerlichen Gerichten eine Reihe von feinen Speisen, insbesondere der Neuen Pfälzer Küche, beinhaltet; je nach Saison gibt es frische Pfifferlinge, Steinpilze, Spargel, Gans und Wild.

Unser Menü:

Ofenwarmer Spargelkuchen

* * *

Poulardenbrüstchen »Schloß Ludwigshöhe« mit Estragonsauce und Walnußreis

* * *

Frische Beeren mit Gewürztraminerschaum gratiniert

Ofenwarmer Spargelkuchen

Zutaten für 10 bis 12 Personen:

Mürbeteig:
*300 g Mehl
1 Ei
100 g Butter
8 EL Wasser
1 EL Öl
1 Prise Salz*

Belag:
1 kg Spargel (geschält und kurz gekocht)

Sauce:
*3 EL Butter
3 EL Mehl
4 EL Milch
1 Tasse Crème fraîche
75 g geriebenen Greyerzer
Salz
Pfeffer aus der Mühle
Muskat*

Den Teig herstellen und etwas ruhen lassen. Nicht zu dünn ausrollen und ein Küchenblech (30 cm Durchmesser, etwa eine Käsekuchenform) mit ca. 3 cm hohem Rand damit auslegen. Mit einer Gabel anstechen und im vorgeheizten Ofen bei 180 Grad etwa 15 Minuten lang backen.
Aus den anderen Zutaten eine helle Sauce herstellen. Den Spargel in 1 bis 2cm lange Stücke schneiden und auf dem vorgebackenen Mürbeteig verteilen. Die Sauce mit einem Löffel darauf verteilen, mit dem geriebenen Käse bestreuen und weitere 10 Minuten goldgelb backen. Heiß servieren.

Der Spargelkuchen kann sehr gut auch zu einer Weinprobierrunde gereicht werden.

Poulardenbrüstchen »Schloß Ludwigshöhe« mit Estragonsauce und Walnußreis

*8 frische Poulardenbrustfilets ohne Haut und Knochen
20 g Butter
1 kl Zwiebel
1/8 Ltr. Riesling trocken
15 Blätter frischer Estragon oder eingelegter Estragon
Salz
Weißer Pfeffer aus der Mühle
1/8 Ltr. Geflügelfond
4 EL Crème double
1 Prise Zucker*

Walnußreis:
*200 g Langkornreis
20 g Butter
50 g gehackte Walnüsse*

Die Butter in einem flachen Topf erhitzen und die mit Salz und Pfeffer gewürzten Poulardenbrüstchen von beiden Seiten kurz anbraten, ohne daß diese dabei Farbe bekommen. Die in feine Würfel geschnittene Zwiebel und den fein geschnittenen Estragon zugeben und glasig andünsten. Mit dem trockenen Riesling ablöschen und einen Deckel aufsetzen. Etwa 5 Minuten auf kleiner Flamme dämpfen lassen. Die Brüstchen herausnehmen und warm stellen. Den Geflügelfond zugießen und etwas einkochen lassen. Die Crème double einrühren und eventuell mit Salz, Pfeffer und einer Prise Zucker abschmecken.
Zwischenzeitlich Langkornreis körnig kochen und vor dem Anrichten mit den in Butter angerösteten, gehackten Walnüssen vermischen.
Zum Anrichten die Poulardenbrüstchen schräg aufschneiden und mit der Sauce angießen. Als Gemüsegarnitur wären Broccoliröschen gut geeignet.
Den Walnußreis separat reichen.

Frische Beeren mit Gewürztraminerschaum gratiniert

400 g Beeren (Himbeeren, Erdbeeren, Johannisbeeren, Heidelbeeren gemischt oder einzeln)

Gewürztraminerschaum:
5 Eigelb
1 Vollei
80 g Zucker
1/4 Ltr. Gewürztraminer

Die frischen Beeren entstielen, waschen und abtropfen lassen.
Für den Gewürztraminerschaum die Eigelbe und das Vollei mit dem Zucker in einer nicht zu kleinen Schüssel schaumig rühren, bis sich die Zuckerkristalle aufgelöst haben. Danach die Schüssel in ein Wasserbad setzen und den Gewürztraminer zugießen. Unter mäßiger Hitze so lange aufschlagen, bis der Schaum im Schneebesen beim Herausziehen hängen bleibt.
Die Beeren in einen tiefen Teller geben (Suppenteller) und den Gewürztraminerschaum mit einem Löffel darüber gleichmäßig verteilen. Im Grill überbacken, bis eine leichte braune Oberfläche entsteht, mit zwei Pfefferminzblättchen garnieren und sofort servieren.

Wenn keine frischen Beeren zur Verfügung stehen, können auch notfalls gefrorene verwendet werden. Die Beeren im gefrorenen Zustand in den Teller geben und dort auftauen lassen, bevor der Gewürztraminerschaum aufgegossen wird.

Dazu unsere Weinempfehlung:
1987er Edenkobener Schloß Ludwigshöhe, Grauer Burgunder halbtrocken QbA
✷ ✷ ✷
1987er Edenkobener Schloß Ludwigshöhe, Riesling Kabinett halbtrocken
✷ ✷ ✷
1988er Schwarzer Letten, Gewürztraminer Spätlese

Frikadellen »Pfälzer Land«

600 g Hackfleisch
1 altbackenes Brötchen
50 g Zwiebelwürfel
2 Eier
1 Knoblauchzehe
20 g Petersilie (gehackt)
wenig Majoran
1/2 TL Koriander
1 Prise Muskat
Salz, Pfeffer
20 g Bratfett

Sauce:
0,2 Ltr. Pfälzer Ruländer
0,2 Ltr. Braune Grundsauce
(s. S. 166)
200 g Champignons
50 g Crème fraîche
150 g Sahne
2 Tomaten (gewürfelt)
Salz, Pfeffer
(frisch gemahlen)
etwas Zucker

Das Brötchen einweichen und gut ausdrücken, mit Hackfleisch, Eiern, in Bratfett angeschwitzten Zwiebeln, zerdrücktem Knoblauch, Petersilie und Gewürzen gut vermischen. Die Frikadellen formen, in einer heißen Pfanne mit Bratfett auf beiden Seiten kurz anbraten und ca. 15 Minuten bei kleinem Feuer weiterbraten. Nun die Frikadellen aus der Pfanne nehmen und warm stellen. Den Bratensatz mit dem Pfälzer Ruländer ablöschen, die frischen Champignons hineingeben, einkochen lassen, dann die Bratensauce darübergießen und alles gut durchkochen lassen. Sahne und Crème fraîche hineinrühren, nun nicht mehr kochen lassen; dann die gewürfelten Tomaten unterheben, und die Sauce über die Frikadellen gießen.

MEIN TIP: Für die Tomatenwürfel die Tomaten vom Strunk befreien und auf der Gegenseite einen Kreuzschnitt anbringen, kurz in kochendes Wasser geben, bis sich die Haut abziehen läßt, das Kerngehäuse entfernen, und das Tomatenfleisch in Würfel schneiden.

Schweinefilet in Huxelwein-Rahmsauce mit Pfälzer Mandeltaler

Rumpsteak
»Asselstein«
mit Pfälzer Mandeltaler

Kalbshaxe gefüllt mit Pfälzer Sauerrahmklößchen

Hähnchenkeule
»Queichtal«
mit Pfälzer Mandeltaler

Rumpsteak »Asselstein«

800 g Rumpsteak (4 Stück)
4 Markknochen
0,2 Ltr. Pfälzer Scheurebe Spätlese
30 g Bratfett
0,3 Ltr. Bratensaft
Salz, Pfeffer

Füllung der Markknochen:
Knochenmark
20 g Zwiebeln (klein gewürfelt)
1 Knoblauchzehe
1 Brötchen
1 Ei
1 Tomate
1/2 TL Kräuter der Provence
50 g Butter
Muskat
Salz, Pfeffer

Das Mark aus den Knochen entfernen, und die leeren Knochen in Wasser auskochen, damit sie heller werden; dann die restlichen Hautteile mit einem Messer entfernen und zum Füllen auf eine Platte legen. Für die Füllung der Knochen das Mark auslassen, mit Butter, Kräutern und dem zerdrückten Knoblauch mischen, anschwitzen, vom Feuer nehmen und in eine Schüssel gießen, leicht abkühlen lassen. Das sehr kleingeschnittene Brötchen und das verquirlte Ei gut untermengen, mit den Gewürzen abschmecken und die Tomatenwürfel unterheben. Die Markknochen mit dieser Masse füllen, die ruhig mit einem Häufchen überstehen darf, dann die gefüllten Knochen warm stellen.
Rumpsteak in einer heißen Pfanne mit Bratfett anbraten und ebenfalls warm halten. Den Bratensatz in der gleichen Pfanne mit der Pfälzer Scheurebe Spätlese ablöschen, etwas einkochen lassen und mit Bratensaft auffüllen. Kurz vor dem Servieren 50 g Butter unter die Sauce schlagen. Die Rumpsteaks auf einen Teller oder einer Platte anrichten, den gefüllten Knochen daraufsetzen und die Sauce über das Fleisch gießen.

MEIN TIP: Wenn Sie etwas warm halten wollen, dann heizen Sie den Backofen nur bis maximal 85 Grad auf, dann bleibt das Fleisch so, wie Sie es gebraten haben. Probieren Sie zu diesem Gericht doch einmal eine Pfälzer Scheurebe oder Huxelrebe.

48 Meter hoch erhebt sich der Asselstein im Wasgau bei Annweiler als einer der markantesten und zugleich beliebtesten Kletterfelsen der Südpfalz. Seine Form erinnert an die eines Markknochens, der mit einer Füllung das Rumpsteak begleitet.

Rinderbug »Barbarossa«

1000 g Rinderbug
30 g Sonnenblumenöl
180 g Karotten (gewürfelt)
90 g Sellerie
100 g Zwiebeln (gewürfelt)
1/4 Ltr. Pfälzer Apfelsaft
0,4 Ltr. Wasser
30 g Petersilie (gehackt)
2 Lorbeerblätter
Salz, Pfeffer

Fleisch mit Salz und Pfeffer würzen und in Öl anbraten. Sobald es auf allen Seiten braun ist, herausnehmen. Karotten, Sellerie und Zwiebeln im gleichen Topf etwas anschmoren lassen. Mit Apfelsaft und Wasser auffüllen, die Gewürze dazugeben und das Fleisch wieder hineinlegen. Alles zusammen im zugedeckten Topf ca. 2 Stunden schmoren lassen, bis das Fleisch gar ist, dabei gegebenenfalls ab und zu mit etwas Wasser auffüllen. Das Fleisch herausnehmen und die Sauce mit einem Stabmixer pürieren.

MEIN TIP: Dazu schmecken am besten Pfälzer Sauerrahm-Klößchen und ein Pfälzer Dornfelder Rotwein.

Dieses Rezept ist Kaiser Friedrich Barbarossa gewidmet, der sich eine prächtige Burg in Kaiserslautern erbauen ließ; von hier aus wurde zeitweise das gesamte Heilige Römische Reich deutscher Nation regiert.

Kalbfleisch-Kohlrabi-Ragout

800 g Kalbsbug
60 g Butterschmalz
40 g Zwiebelwürfelchen
20 g Mehl
0,2 Ltr. Pfälzer Müller-Thurgau
0,4 Ltr. Fleischbrühe (s. S. 166)
600 g Kohlrabi
200 g Crème fraîche
1/2 TL Liebstöckel
1 TL Basilikum
Zitronensaft
Worcestersause
Salz, Pfeffer (frisch gemahlen)
1 Prise Zucker

Kalbsbug in 3 x 3 cm große Würfel schneiden, zusammen mit Zwiebeln in Butterschmalz anbraten. Mit Mehl bestäuben, braun werden lassen, mit Pfälzer Müller-Thurgau und Fleischbrühe ablöschen und ca. 30 Minuten schmoren lassen. In der Zwischenzeit den Kohlrabi schälen (die noch zarten Blättchen beiseite legen), in 1 × 1 cm dicke Stäbchen schneiden, zum Ragout dazugeben und mitschmoren lassen. Zum Schluß die gehackten Kräuter, das Grün vom Kohlrabi und Crème fraîche hineinrühren und mit Zitronensaft, frisch gemahlenem Pfeffer, Worcestersauce und wenig Zucker abschmecken.

MEIN TIP: Zu diesem leichten Gericht, das sich auch als Krankenkost eignet, paßt ein leichter Müller-Thurgau.

Kalbshaxe gefüllt mit Müller-Thurgau-Sahnesauce

1 Kalbshaxe (ca. 1,2 kg)
150 g Kastanien
90 g Zwiebelwürfel
100 g gekochter Schinken
20 g Butter
2 Eier
100 g Weißbrot
1 TL Majoran
1 TL Liebstöckel
1 TL Basilikum
1 MS Muskat
Salz, Pfeffer
50 g Bratfett
30 g Karotten
10 g Lauch
2 ganze Tomaten
0,2 Ltr. Pfälzer Müller-Thurgau
0,15 Ltr. Crème fraîche

Kalbshaxe von den äußeren dicken Sehnen befreien, dann mit einem scharfen Messer ca. 100 g Fleisch herausschneiden, damit die Öffnung für die Füllung größer wird. Die 100 g Fleisch in 1 x 1 cm große Würfel schneiden. Die Kastanien ca. 6 Minuten kochen lassen – sie sollten noch Biß haben – und kalt stellen. Die Zwiebeln mit dem gekochten Schinken in Butter anschwitzen, das gewürfelte Fleisch dazugeben, anbraten und auskühlen lassen. Die Eier verquirlen, über das Brot in eine Schüssel gießen und einziehen lassen. Beides miteinander verkneten, Gewürze untermischen und mit Salz abschmecken. Nun zum Schluß die grob gehackten Maronen unterheben und den Haxen mit der Masse füllen. Die beiden Öffnungen der Kalbshaxe zubinden oder mit Alufolie verschließen. Nun die Haxe wie einen Rollbraten binden – dabei die Alufolie festwickeln –, mit Salz und Pfeffer würzen und im Schmortopf auf allen Seiten im Backofen bei 200 Grad anbraten. Das grobgewürfelte Wurzelwerk dazugeben und beides ca. 50 Minuten braten, dabei immer etwas Wasser zugießen, des öfteren wenden. Danach die Tomatenstücke dazulegen, mit Wasser zu ca. 0,7 Ltr. Flüssigkeit und dem Pfälzer Müller-Thurgau auffüllen, den Braten abdecken und bei 175 Grad noch ca. 60 Minuten weiterschmoren. Immer darauf achten, daß der Bratensatz nicht anbrennt. Wenn die Haxe gar ist, herausnehmen und warm stellen. Die Sauce passieren und abschmecken, gegebenenfalls etwas einkochen lassen, dann die Crème fraîche unterrühren und servieren.

MEIN TIP: Kaufen Sie die Haxe ohne Knochen und hohl ausgebeint bei Ihrem Metzger. Die gefüllte Kalbshaxe ist ein Festschmaus – die Arbeit lohnt sich auf jeden Fall. Ein Müller-Thurgau ist hierzu ein guter Weinbegleiter.

Lammrücken mit Honig und Pfälzer Dornfelder

1 kg Lammrücken
Bratfett
60 g Zwiebeln
1 EL Rotwein-Essig
ganz wenig frischen
Thymian, wenn keiner vorhanden, dann nur ein
Hauch getrockneter
Thymian
Salz, Pfeffer
(frisch gemahlen)
0,3 Ltr. Pfälzer Dornfelder
40 g Honig
80 g Butter

Den Lammrücken entbeinen, die Filets mit einem Messer von den Sehnen befreien. Die Zwiebelwürfel und die Knochen in einer Pfanne mit etwas Bratfett anbraten, bis sie eine bräunliche Farbe angenommen haben. Mit 1/2 Ltr. Wasser auffüllen, kochen lassen; mit Thymian, Salz und Pfeffer abschmecken, und die Flüssigkeit bis zu 0,4 Ltr. einkochen lassen. Das gewürzte Lammrückenfilet im heißen Fett anbraten – es sollte noch rosé sein – herausnehmen, etwas abkühlen lassen und dann wieder warm stellen. Den Bratensatz mit Pfälzer Dornfelder und Essig ablöschen, mit 0,4 Ltr. Bratenfond auffüllen und mit Honig süßen, etwas einkochen lassen und zum Schluß mit der weichen Butter aufschlagen. Das Lammrückenfilet auf einer Platte anrichten und die Sauce darübergeben.

MEIN TIP: Als Beilage eignen sich sehr gut Broccoli mit Walnuß-Hollandaise (s. S. 170), Pfälzer Mandeltaler und natürlich ein Dornfelder Rotwein.

Hähnchenkeule »Kleine Kalmit«

4 Hähnchenkeulen
8 frische Feigen (600g)
0,1 Ltr. Pfälzer Scheurebe Auslese
50 g Butterschmalz
30 g Zwiebelwürfelchen
50 g gekochte Schinkenwürfel
200 g Crème fraîche
100 g Braune Grundsauce (s. S. 166)
Salz, Pfeffer (frisch gemahlen)
Zucker

Die Feigen schälen und vierteln, anschließend mit 2 EL Pfälzer Scheurebe Auslese beträufeln. Die mit Salz und Pfeffer gewürzten Hähnchenkeulen in Butterschmalz anbraten, bis sie braun und gar sind, aus der Pfanne nehmen und warm stellen. Zwiebel- und Schinkenwürfel in der gleichen Pfanne anschwitzen und mit der restlichen Pfälzer Scheurebe ablöschen. Crème fraîche und braune Grundsauce hineinrühren, gut durchkochen lassen und abschmecken. Die Feigen kurz in der Sauce erwärmen. Nun das Ganze über die Hähnchenkeule schütten und servieren.

MEIN TIP: Eine Pfälzer Scheurebe Auslese ist ein Wein, den man als Aperitif reichen kann. Beachten sollte man dabei, daß er sehr gut gekühlt serviert wird.

Die Kleine Kalmit bei Ilbesheim ist mit 207 Metern die höchste pfälzische Erhebung im Rheingraben. Von der Kapelle auf ihrem Gipfel genießt man eine herrliche Aussicht. Dank des milden Klimas gedeihen an ihren Hängen sehr viele Feigen.

Hähnchenkeule »Queichtal«

4 Hähnchenkeulen (je 250 g)
3/4 Ltr. Geflügelbrühe
(auch als Fertigprodukt)
1/2 TL Majoran
1 Zwiebel
1 Lorbeerblatt
5 Pfefferkörner
Salz

Sauce:
60 g Karotten
20 g Sellerie
50 g Lauch
50 g Blumenkohlröschen
oder Spargelstücke
100 g Steinpilze (frisch oder tiefgefroren, bei getrockneten nur 50 g verwenden)
40 g Butter
40 g Zwiebeln
0,1 Ltr. Pfälzer Ruländer
40 g Magerquark
100 g Crème fraîche
70 g Kresse
Salz, Pfeffer
(frisch gemahlen)
1 Prise Zucker

Hähnchenkeulen waschen und in 3/4 Ltr. Geflügelbrühe mit der Zwiebel und den Kräutern leicht köcheln lassen, bis die Keulen gar sind; aus der Geflügelbrühe herausnehmen und warm stellen.
In einem kleinen Topf das in Streifen geschnittene Gemüse und die in Scheiben geschnittenen Steinpilze mit 0,4 Ltr. Geflügelbrühe andämpfen, so daß das Gemüse noch Biß hat, und beiseite stellen. Mit dem Pfälzer Ruländer ablöschen und ein Drittel davon einkochen lassen. Magerquark, Crème fraîche, Kresse und die Geflügelbrühe, in der das Gemüse gegart wurde, dazugeben und mit dem Mixerstab pürieren. Nun das Gemüse mit den Steinpilzen in die pürierte Sauce schütten, nochmals erhitzen, mit Salz, frisch gemahlenem Pfeffer und etwas Zucker abschmecken und über die Hähnchenkeulen geben.

MEIN TIP: Neben einem Ruländer schmeckt hierzu auch ein Kerner.

Woigockel

800 g Hähnchenbrustfilets
45 g Butterschmalz
60 g Zwiebelwürfelchen
1 Knoblauchzehe
(zerdrückt)
1/4 Ltr. Pfälzer Silvaner
200 g Crème fraîche
1/4 Ltr. Sahne
200 g Champignonscheiben
200 g Trauben weiß
40 g Butter
Salz, Pfeffer
(frisch gemahlen)
Zimt
Zucker

Hähnchenbrust mit Salz, Pfeffer und wenig Zimt würzen und in Butterschmalz anbraten und herausnehmen. In der gleichen Pfanne Zwiebelwürfelchen und Knoblauch anschwitzen und mit Pfälzer Silvaner ablöschen, etwas einkochen lassen. Crème fraîche darunterrühren, die Hähnchenbrust hineinlegen und bei schwachem Feuer garziehen lassen. Danach die Brust auf einer Platte anrichten; in die Sauce die halbierten kernlosen Trauben und die Champignonscheiben geben, die Butter und die Sahne unterziehen und abschmecken, dann über die Hähnchenbrüste geben.

MEIN TIP: Am besten schmeckt die Hähnchenbrust, wenn man die Haut dranläßt und mitbrät. Silvaner oder Ruländer sind die geeigneten Weinbegleiter.

Putenfleischröllchen »Neu-Scharfeneck«

600 g Putenbrust (4 Stück à 150 g in dünne Scheiben geklopft)
500 g frische Champignons
70 g Zwiebeln
30 g Butter
100 g Weißbrot
2 Eier
1 Knoblauchzehe
1 TL Rosmarin (getrocknet)
16 dünne Scheiben Rauchfleisch
Salz, Pfeffer

Sauce:
0,2 Ltr. Pfälzer Spätburgunder
0,4 Ltr. Braune Grundsauce (s. S. 166)
0,1 Ltr. Crème fraîche
0,1 Ltr. Sahne
1/2 TL Streuwürzmittel
Salz, Pfeffer
Zucker

Die feingewürfelten Zwiebeln mit den gehackten Champignons in Butter anschwitzen, bis die Flüssigkeit verdampft ist, auskühlen lassen und in eine Schüssel geben; mit Weißbrotwürfel, zerdrückter Knoblauchzehe, Gewürzen und verquirlten Eiern vermischen und abschmecken. Die Putenbrustscheiben salzen und pfeffern, mit Masse füllen, zusammenrollen, den Speck über Kreuz darüberlegen und wie eine Roulade binden. Die Röllchen anbraten und mit dem Pfälzer Spätburgunder ablöschen, mit Grundsauce auffüllen und etwa 20 Minuten garen. Dann die Crème fraîche und die Sahne hineinrühren, mit den Gewürzen abschmecken und zum Schluß etwas Zucker beigeben.

MEIN TIP: Zu diesem Gericht paßt sowohl ein Spätburgunder Rotwein als auch ein Kerner oder Müller-Thurgau Weißwein.

Zu den besterhaltenen und interessantesten Burgen der Pfalz gehört Neu-Scharfeneck bei Dernbach. Die Schildmauer bietet ein weites Panorama über den Wasgau und den mittleren Pfälzerwald.

Gänsebraten »St. Martin«

Zutaten für 8 Personen:
1 Gans (4000 g)
100 g Gänseleber
40 g Zwiebelwürfelchen
2 Eier
100 g Apfelwürfel ohne Schale
2 Brötchen altbacken
400 g Geflügelfleisch (Poularden oder Putenbrust)
0,2 Ltr. Pfälzer Spätburgunder
50 g Karotten
30 g Sellerie
30 g Lauch
80 g Zwiebeln
1 TL Majoran
1 TL Beifuß
Salz, Pfeffer
(frisch gemahlen)

Die Gans waschen und austrocknen. Für die Füllung die Gänseleber in kleine Würfelchen schneiden. Zwiebeln mit dem kleingeschnittenen Gänseschmalz anschwitzen, dann die Gänseleber kurz darin anbraten, etwas abkühlen lassen und in einer Schüssel mit den Eiern, Apfelwürfel, dem fein gemahlenen Geflügelfleisch und den eingeweichten und ausgedrückten Brötchen vermischen, mit Salz und Gewürzen abschmecken. Die Gans mit dieser Masse füllen und zunähen, in einen Bräter mit etwa 0,2 Ltr. Wasser und dem Pfälzer Spätburgunder in den Backofen stellen und bei 200 Grad garen.
Nach 1 Stunde die grob gewürfelten Zwiebeln, Karotten, Lauch und Sellerie dazugeben und auf 170 Grad weiterbraten. Immer wieder die Gans mit dem Bratenfond übergießen, dabei darauf achten, daß die Flüssigkeit nicht abnimmt, gegebenenfalls etwas Wasser nachgießen. Nach etwa 2 bis 2½ Stunden dürfte die Gans gar sein. Nun die Gans herausnehmen und vor dem Servieren tranchieren. Die Sauce passieren und das Fett abschöpfen.

MEIN TIP: Als Beilage empfehle ich glacierte Maronen (s. S. 150) und einen trockenen Pfälzer Spätburgunder.

In Sankt Martin, einem der schönsten Dörfer an der Deutschen Weinstraße, wird alljährlich am 11. November das Martinsfest besonders gefeiert. Früher zahlte man an diesem Tag die Pacht, und das meist in Form von zu dieser Zeit schlachtreifen Gänsen.

Geflügelleber mit Trauben

800 g Geflügelleber
40 g Butterschmalz
40 g Butter
60 g Zwiebelwürfelchen
0,2 Ltr. Braune Grundsauce
(s. S. 166)
0,1 Ltr. Pfälzer Morio-
Muskat
4 cl Pfälzer Weinbrand
250 g Trauben
wenig Majoran
Muskat
Salz, Pfeffer
(frisch gemahlen)

Geflügelleber in heißem Butterschmalz anbraten, aus der Pfanne nehmen, mit Salz, Pfeffer und Muskat würzen und warm stellen. In der gleichen Pfanne die Butter mit den Zwiebeln kurz anrösten, mit Pfälzer Morio-Muskat, brauner Grundsauce und dem Pfälzer Weinbrand ablöschen und abschmecken. Nun die Geflügelleber und die Trauben hineingeben, aber nicht mehr kochen lassen.

MEIN TIP: Würzen Sie die Leber immer erst nach dem Braten, da sie sonst hart wird.

Hirschknödel mit Steinpilzsößchen

700 g Hirschfleisch
200 g Weißbrot ohne Rinde
2 Eier
50 g Preiselbeeren
200 g Sahne
100 g Crème fraîche
1/2 TL Thymian
1/2 TL Majoran
1 MS Rosmarin
1 TL Liebstöckel
Muskat
Salz, Pfeffer
1 Ltr. Brauner Wildfond
(s. S. 167)

Sauce:
50 g Zwiebeln
50 g Butter
350 g Steinpilze (frisch oder tiefgefroren)
0,1 Ltr. Pfälzer Portugieser
0,4 Liter Brauner Wildfond
(s. S. 167)
50 g Mehlbutter
(25 g Butter, 25 g Mehl)
100 g Crème fraîche

Das sehnenfreie Hirschfleisch wird in kleine Stücke geschnitten, mit Weißbrot, Preiselbeeren, Eier verknetet und durch die feine Scheibe des Fleischwolfes gedreht. Die Masse etwa 1 Stunde ins Tiefkühlfach stellen, herausnehmen und nochmals im Fleischwolf fein mahlen. Nach und nach die gekühlte Sahne und die Crème fraîche unter kräftigem Rühren unterziehen, damit die Masse gut bindet. Mit den Kräutern und den Gewürzen abschmecken, zu Klößchen formen und im Wildfond garen.

Für die Sauce Zwiebelwürfel in 20 g Butter anschwitzen, die in Scheiben geschnittenen Steinpilze dazugeben und ebenfalls anschwitzen, mit Pfälzer Portugieser ablöschen und mit Wildfond auffüllen. Gut durchkochen lassen, mit Mehlbutter abbinden, die Crème fraîche hineinrühren, die restliche Butter darin zergehen lassen und abschmecken.

Die Klößchen anrichten und die Sauce darübergießen.

MEIN TIP: Zu den Hirschknödeln sollte man den bereits verwendeten Wein auch trinken.

Hirschrücken »Johannistag«

800 g Hirschrücken ohne Sehnen und Knochen
30 g Bratfett
30 g Butter
200 g Perlzwiebeln
0,1 Ltr. Pfälzer Dornfelder
1 TL Senf
4 cl Pfälzer Johannisbeerlikör
100 g Sahne
100 g Crème fraîche
150 g Schwarze Johannisbeeren
1 TL Streuwürze
Salz, Pfeffer
(frisch gemahlen)
Zucker

Hirschrücken, in Medaillons geschnitten oder am Stück, anbraten (das Fleisch sollte innen noch rosé sein), herausnehmen und warm stellen. In der gleichen Bratpfanne, Butter und Perlzwiebeln anrösten und mit dem Pfälzer Dornfelder ablöschen. Senf, Johannisbeerlikör, Sahne und Crème fraîche unterrühren und etwas einkochen lassen. Die durchpassierten Johannisbeeren dazuschütten, mit Salz, Pfeffer, Streuwürze und Zucker abschmecken. Die Sauce auf eine Platte gießen, das Fleisch in Tranchen (Scheiben) darauflegen und servieren.

Wildschweinsteak »Forsthaus Kastanienbusch«

*4 Wildschweinsteaks
(aus der Keule oder vom Rücken)
0,3 Ltr. Pfälzer Dornfelder
100 g Joghurt
Gewürzbeutel mit 1 TL Majoran, 8 Wacholderbeeren, 1 Nelke, 2 Lorbeerblättern
50 g Bratenfett
60 g Butter
40 g Zwiebelwürfelchen
1 Tomate ohne Haut und Kerne
10 g Mehl
0,2 Ltr. Wildfond
(s. S. 167)
1 Birne (gewürfelt)
1 EL Preiselbeeren
0,1 Ltr. Crème fraîche
Salz, Pfeffer
(frisch gemahlen)*

Die Wildschweinsteaks in Dornfelder, Joghurt und dem Gewürzbeutel 24 Stunden marinieren. Herausnehmen und mit Küchenkrepp abtupfen, salzen, pfeffern und in der Pfanne anbraten (das Fleisch sollte innen noch rosé sein), auf einer Platte bei 80 Grad warm stellen. In der gleichen Pfanne Butter und Zwiebeln anschwitzen, die kleingeschnittene Tomate zufügen und mit dem Mehl bestäuben. Mit der abgeseihten Marinade und dem Wildfond auffüllen und alles gut kochen lassen. Nun die Birnenwürfel, Preiselbeeren und Crème fraîche hineingeben, mit dem Stabmixer pürieren, nochmals abschmecken. Die Sauce in einer Sauciere reichen.

MEIN TIP: Hierzu passen als Beilage die Pfälzer Sauerrahm-Klößchen ohne Sauce sowie ein Pfälzer Rotwein (Dornfelder Spätburgunder oder Portugieser) als Getränk.

Wildschweinkeule »Köhler Liesel«

*1000 g Wildschweinkeule
ohne Knochen
3/4 Ltr. Pfälzer Dornfelder
0,1 Ltr. Essig
1 Joghurt (150 g)
1/2 Zitrone
1 Knoblauchzehe
50 g Zwiebeln
15 g Sellerie
20 g Karotten
15 g Lauch
12 Wacholderbeeren
1 TL Majoran
16 Pfefferkörner
50 g Sonnenblumenöl
70 g Rauchfleisch
20 g Tomatenmark
50 g Mehl
100 g Saure Sahne
3 EL Weingelee
Salz, Pfeffer*

Wildschweinkeule mit Pfälzer Dornfelder, Essig, Joghurt, Zitronenscheiben, Knoblauchzehen und den Gewürzen 3 bis 4 Tage in einem Gefäß im Kühlschrank marinieren. Das Fleisch dann herausnehmen, abseihen und den Sud aufheben. Das Fleisch mit Salz und Pfeffer würzen, in Öl zusammen mit dem Rauchfleisch und dem marinierten Gemüse gut anbraten, bis es Farbe hat. Danach Tomatenmark und Mehl mit anrösten, mit dem Sud und 1/2 Ltr. Wasser auffüllen. Nun das Ganze etwa 1 bis 1 1/2 Std. schmoren lassen. Danach Saure Sahne und Weingelee unterrühren und abschmecken. Nun durch ein feines Spitzsieb drücken.

MEIN TIP: Wenn Sie gerne Fleisch mögen, das noch rosé ist, so kaufen Sie zu der Wildschweinkeule noch Knochen und setzen die Sauce, wie oben beschrieben, mit den Knochen an. Die Wildschweinkeule braten Sie dann nach dem Marinieren etwa 45 Minuten.
Anstatt Weingelee kann man auch Preiselbeeren verwenden. Als Beilage zu diesem Gericht eignen sich glacierte Kastanien und Pfälzer Spätzle; am besten trinkt man einen Pfälzer Dornfelder dazu.

Der Naturpark Pfälzerwald war einst nicht nur von Bären, Wölfen und Wildschweinen bevölkert, hier waren auch Köhler, Harzsammler und Pechbrenner am Werk. Erfweiler und Trippstadt besinnen sich seit einigen Jahren wieder auf ihre Geschichte und veranstalten einmal im Jahr ein Köhlerfest.

Frankweiler: Restaurant Robichon

Orensfelsstraße 31
6741 Frankweiler
Telefon (06345) 3268
Inhaber: Bruno Robichon
Küchenchef:
Bruno Robichon
Ruhetag: Montagabend,
Dienstag
Terrasse

Der Name verrät schon die Herkunft: 1984 übernahmen der Franzose Bruno Robichon und seine pfälzische Frau die ehemalige Dorfwirtschaft »Frankenburg« und richteten hier ein Feinschmeckerrestaurant mit 30 Sitzplätzen ein (Reservierung empfehlenswert!). Daneben steht noch ein Nebenzimmer für maximal 12 Personen zur Verfügung, und im Sommer wird auf der sonnigen Gartenterrasse serviert.

Bruno Robichon, der im Loire-Tal geboren wurde und in den verschiedenen Regionen Frankreichs Erfahrung gesammelt hat, kocht nach den Grundsätzen der klassischen französischen Küche: Er verwendet nur frische, der Jahreszeit entsprechende Zutaten und bereitet alle Saucen »à la minute«. Unter dem Motto »Aus den Provinzen Frankreichs« stehen mehrmals im Jahr Spezialitätenwochen, in denen typische Gerichte einer Gegend (zum Beispiel der Bretagne mit Schalen- und Krustentieren, verschiedenen Fischgerichten und Crêpevariationen) mit den passenden Weinen angeboten werden. Apropos Wein: Der Gast kann im »Restaurant Robichon« unter rund 100 französischen und pfälzischen Gewächsen auswählen.

Unser Menü:
Quiche von Zander und Spargel
* * *
Kaninchen in Pflaumensauce
* * *
Quarkbällchen auf Himbeermark

Quiche von Zander und Spargel

Teig:
250 g Mehl
125 g Butter oder Margarine
1 Prise Salz
1 Ei
evtl. etwas Wasser

Füllung:
1 Zanderfilet ohne Haut (ca. 300 g)
250 g Spargel
1/4 Ltr. Sahne
1/4 Ltr. Milch
3 Eier
Salz, Pfeffer
je 1 EL Petersilie und Schnittlauch (gehackt)
100 g geriebener Schweizer Käse

Aus den Zutaten einen Knetteig herstellen. Während man die Füllung zubereitet, den Teig im Kühlschrank ruhen lassen.

Spargel schälen, in kleine Stücke schneiden und in Salzwasser bißfest kochen. Den Zander in 1 cm breite Streifen schneiden, salzen und pfeffern. Sahne, Milch und Eier schaumig rühren, mit Pfeffer und Salz würzen und die Kräuter hinzufügen. Den Herd auf 180 Grad vorheizen. Den Teig ausrollen und eine Kuchenform (26 cm Durchmesser) damit auskleiden. Mit der Gabel mehrmals einstechen. Spargel und Zander gleichmäßig auf dem Boden verteilen, die Eier-Sahne-Mischung darübergießen; zuletzt den geriebenen Käse daraufstreuen. 30 bis 40 Minuten backen. Warm servieren.

Kaninchen in Pflaumensauce

1 Kaninchen (ca. 1,5 kg)
10 cl. Pflaumenschnaps (z. B. Vieille Prune)
1 große Zwiebel
1 Karotte
1 Lorbeerblatt
1 Zweig Thymian
2 EL Tomatenmark
1 Ltr. Weißwein trocken
200 g Pflaumen (getrocknet oder frisch)
Salz, Pfeffer

Am Vorabend: Kaninchen in grobe Teile zerlegen (Kopf, 2 Vorderläufe, 4 Rückenteile, 4 Keulenteile) und in eine Schüssel legen. Zwiebel und Karotte schälen, in feine Scheiben schneiden. Lorbeer, Thymian, Zwiebel- und Karottenscheiben auf die Fleischstücke streuen, den Pflaumenschnaps darübergießen; alles gut durchmischen. Kalt stellen. Die getrockneten Pflaumen in Wasser einweichen.
Am nächsten Tag das Fleisch aus der Marinade nehmen, salzen und pfeffern und im gußeisernen Topf in etwas Fett scharf anbraten. Das Fleisch aus dem Topf nehmen; jetzt die Marinade wenige Minuten im Topf schmoren lassen. Tomatenmark und die Hälfte der gut ausgedrückten Pflaumen hinzufügen. Das Fleisch wieder in den Topf geben, den Weißwein dazugießen und mit Wasser auffüllen. Ca. 30 Minuten köcheln lassen (eventuell Wasser nachfüllen).
Das Fleisch aus dem Topf nehmen. Die Sauce mit dem Mixstab pürieren, anschließend die Sauce durch ein Haarsieb streichen. Das Fleisch und den Rest der Pflaumen (diese nach Bedarf halbieren oder vierteln) in die verfeinerte Sauce zurück legen und ca. 5 Minuten

weiterköcheln lassen. Die Sauce abschmecken. Zum Schluß etwas Butter und einen Schuß Plaumenschnaps hinzufügen.
Dazu passen hausgemachte Nudeln oder Spätzle.

Quarkbällchen auf Himbeermark

250 g 20prozentiger Quark
75 g Zucker
3 Eiweiß
1/4 Ltr. Sahne

Mark:
500 g Himbeeren
1 – 2 EL Zucker
etwas Wasser

Für das Himbeermark Zucker und Wasser über die Himbeeren schütten, mit dem Mixstab pürieren, durch ein Haarsieb streichen, kühl stellen.
Quark mit der Hälfte des Zuckers verrühren, das Eiweiß mit dem restlichen Zucker, die Sahne ebenfalls steif schlagen, und beides unter den Quark heben. Ein Sieb mit einem Leinentuch ausschlagen, die Quarkmasse einfüllen und 3 bis 4 Stunden im Kühlschrank abtropfen lassen.
Zum Anrichten den Boden der Dessertteller mit Himbeermark auskleiden. Hierauf setzt man dann je 3 bis 4 Quarkbällchen, die man mit einem Eßlöffel aus der Masse sticht. Mit frischen Pfefferminzblättchen dekorieren.

Dazu unsere Weinempfehlung:
Frankweilerer Grauburgunder Spätlese
* * *
Birkweilerer St. Laurent Kabinett
* * *
Winzersekt trocken

Herxheim-Hayna:
Hotel-Restaurant Krone

Hauptstraße 62–64
6742 Herxheim-Hayna
Telefon (07276) 508-0
Inhaber: Karl Kuntz
Küchenchef und -meister:
Karl-Emil Kuntz
Ruhetag: Montagabend,
Dienstag
Terrasse
Übernachtungsmöglichkeit
(Hotel)

In der Tabakbaugemeinde Herxheim-Hayna mit ihren schönen Fachwerkhäusern schaltet und waltet die Familie Kuntz zum Wohle ihrer Gäste – und das seit über 200 Jahren. Familiäre Betreuung wird hier großgeschrieben und durch eine geschickte Ressortverteilung gewährleistet: Karl-Emil Kuntz, Sohn des Hauses, hat in der Küche das Sagen und sorgt dafür, daß der Restaurantbesuch zu einem Erlebnis wird. Der talentierte Küchenmeister, der auch eine Konditorlehre absolviert hat, erlernte sein »Kunsthandwerk« in erstklassigen Häusern, unter anderem im Badischen sowie in Basel.
Seine Frau Martina betreut den Service und Karin, die Tochter des Hauses, ist für das Silence-Hotel zuständig; über allem wacht Patron Karl Kuntz.
Neben dem sternegekrönten Feinschmeckerrestaurant mit 20 Plätzen, das höchsten Ansprüchen gerecht und zu den 100 Besten in Deutschland gezählt wird, beherbergt die »Krone« eine rustikale Pfälzer Stube, die über 30 Sitzplätze verfügt und regionale Spezialitäten und eine gutbürgerlich-gehobene Küche bietet (Reservierung empfiehlt sich in beiden Räumen!). Für Gesellschaften und Tagungen stehen außerdem zwei Nebenzimmer und im Sommer eine Terrasse in der parkähnlich gestalteten Gartenanlage zur Verfügung.

Unser Menü:

Sommersalat mit Sülze von Spanferkelmagen

* * *

Wirsing-Krautwickel mit Flußzander und Lachs in Riesling-Sektschaum

* * *

Pfälzer Traubenknödel mit Traminerweinschaum

Sommersalat mit Sülze von Spanferkelmagen

Spanferkelmagen:
*1 Spanferkelmagen,
450 g gepökelte Schweineschulter, 200 g Rindfleisch,
500 g Kartoffeln,
2 Karotten, 10 Schalotten,
1 Bund Petersilie,
15 g Butter,
15 Blätter frischer Majoran,
3 Blätter frisches Basilikum,
Muskat, Pfeffer, Salz,
1 Bund Suppengrün*

Sülze:
*2 Kalbsfüße,
500 g Rinderknochen,
1 Stange Lauch, 3 Karotten,
2 Zwiebeln, 2 Tomaten,
1 Bund Petersilie, 3 Lorbeerblätter, 2 Nelken
1 Kerbelsträußchen,
15 Pfefferkörner*

Vinaigrette:
*250 g Kartoffeln,
250 g Fleischbrühe,
250 g flüssige Sahne,
3 Schalotten, 10 g Butter,
2 cl Aceto, Balsamico,
2 cl Walnußöl,
2 cl Pflanzenöl,
Muskat, Pfeffer, Salz,
15 Blätter frischer Majoran
ca. 150 g frische Salate*

Den Spanferkelmagen 2 bis 3 Tage wässern; danach umstülpen und die Magenausgänge fest zubinden. Für die Sülze Kalbsfüße und Rindsknochen kurz blanchieren, abschrecken und mit Wasser bedeckt aufsetzen. Das gesäuberte Gemüse und die Gewürze zugeben. Etwa $2^{1}/_{2}$ Stunden ziehen lassen, abseihen und auf 0,75 Liter Flüssigkeit einkochen.
Für die Füllung Schweineschulter und Rindfleisch sauber parieren (von Sehnen und Fett befreien), mit Suppengrün in 70 Grad heißem Wasser aufsetzen und bei dieser Temperatur 30 Minuten ziehen lassen. Kartoffeln und Karotten in ca. 3 mm große Würfelchen schneiden, mit kaltem Wasser ansetzen, einmal aufkochen lassen, abgießen. Schalotten, Petersilie, Majoran und Basilikum sehr fein hacken und in Butter kurz anschwitzen. Das erkaltete Fleisch ebenfalls in kleine Würfelchen schneiden, und alles in einer großen Schüssel miteinander vermengen. Mit Muskat, Pfeffer und Salz abschmecken.
Diese Mischung in den sorgfältig abgetrockneten Spanferkelmagen füllen und pochieren.
Für die Vinaigrette die Kartoffeln in der Schale kochen, leicht erkalten lassen, mit einem Teil der Fleischbrühe im Mixer pürieren, durch ein Haarsieb streichen und mit den übrigen Zutaten verfeinern. Den Salat mit der Vinaigrette anrichten und zur Sülze reichen.

Wirsing-Krautwickel mit Flußzander und Lachs in Riesling-Sektschaum

Farce (Füllung):
*100 g Hechtfleisch (ersatzweise Steinbutt oder Zander)
100 g Crème double, 1 Ei
Salz, Pfeffer aus der Mühle
3 EL geschlagene Sahne*

Das gut gekühlte Hechtfleisch in Stücke schneiden, salzen und im Blitzhacker fein cuttern. Ein Ei zugeben, nach und nach die Crème double unterziehen. Mit Salz und Pfeffer abschmecken und durch ein Haarsieb streichen, kalt stellen, anschließend die geschlagene Sahne unterziehen.
Den Zander in dünne Scheiben schneiden und leicht platt drücken. Die Wirsingblätter kurz blanchieren und vom Strunk befreien, auf ein Tuch je 2 Blätter zusam-

400 g Zanderfilet
40 g Lachs (in dünnen Streifen geschnitten)
8 große Wirsingblätter, Salz
4 Blätter Bratfolie, Butter zum Bestreichen der Folie

Riesling-Sektschaum:
50 ccm Weißwein
50 ccm Riesling-Sekt
2 EL Noilly-Prat
1 Schalotte
0,5 Ltr. Fischfond
0,25 Ltr. Crème double
30 g Butter, Salz
2 EL geschlagene Sahne
2 EL Riesling-Sekt

menlegen und trocken tupfen. Darauf die gewürzten Zanderscheibchen legen und die vorbereitete Farce aufstreichen. An dem unteren Rand die Lachsstreifen einlegen und vorsichtig einrollen. Danach in die gebutterte Bratfolie einschlagen und an beiden Enden zubinden. Die Roulade im Wasserbad bei ca. 70 Grad 12 bis 15 Minuten pochieren, herausnehmen und vorsichtig an beiden Enden aufschneiden. Pro Teller drei gleichgroße Stücke schneiden.

Weißwein, Sekt, Noilly-Prat und die in feine Würfel geschnittene Schalotte kurz aufkochen lassen, mit dem Fischfond auffüllen und fast bis zum glasig werden einkochen lassen, Crème double zufügen, weitere 10 Minuten kochen lassen, passieren und im Mixer die Butter flockenweise zugeben und aufschlagen. Zum Schluß Riesling-Sekt und die geschlagene Sahne beigeben.

Pfälzer Traubenknödel mit Traminerweinschaum

Zutaten für 6 Personen:
ca. 18 große Weintrauben
55 g Butter, 1 Prise Salz
3 Eigelb, 250 g Quark,
150 g Mehl
Krokantbrösel
Hippenblätter oder -schalen
(vom Konditor)
Trauben zum Garnieren

Weinschaum:
80 g Traminerwein
15 g Zucker, 2 Eigelb
1 Spritzer Pfälzer
Weinbrand
1 Spritzer Zitronensaft

Die weiche Butter mit einer Prise Salz schaumig rühren, Eigelb nach und nach dazugeben. Den Quark pressen und etwas ausdrücken. Quark und Mehl in die Eimasse einarbeiten, bis ein dicker Knödelteig entsteht.
Die Trauben ganz vorsichtig enthäuten und entkernen. Je eine Traube mit Knödelteig umhüllen, in leicht gesalzenes und siedendes Wasser geben und rund 8 Minuten ziehen lassen. Mit einem Schaumlöffel herausnehmen und abtropfen lassen.
Weißwein, Zucker und Eigelb in einem Kessel verrühren, auf ein Wasserbad stellen und schaumig aufschlagen. Mit Weinbrand und Zitrone abschmecken und noch einmal kräftig durchschlagen.
Die Traubenknödel auf warmen Tellern anrichten, mit den Krokantstreuseln bestreuen und den Weinschaum dazugeben. Mit dem Hippenblatt und Trauben dekorieren und servieren.

Dazu unsere
Weinempfehlung:

Bereich Südliche Weinstraße, Weißburgunder Sekt trocken

* * *

Bereich Südliche Weinstraße, Riesling trocken

* * *

Bereich Südliche Weinstraße, Beerenauslese

Krumbeer-Kuchen (Kartoffel-Kuchen)

250 g Pastetenteig (s. S. 169)
700 g Kartoffeln
100 g gekochter Schinken
30 g Zwiebelwürfel
20 g Petersilie (gehackt)
30 g Butter
2 Eier
30 g Crème fraîche
Muskat
Prise Zucker
Peffer, Salz

Pastetenteig zu einer größeren und kleineren Platte ausrollen, eine gefettete (16 cm Durchmesser, 5 cm Höhe) Springform mit einer Teigplatte auslegen, dabei am Rand hochstehen lassen. Kartoffeln in Salzwasser kochen, dann das Wasser abschütten, die Kartoffeln gut ausdämpfen lassen, durchpressen und in eine Schüssel geben. In der Zwischenzeit Zwiebeln, Schinken und Petersilie in Butter anschwitzen und zusammen mit den Kartoffeln und den restlichen Zutaten vermischen, abschmecken und in die ausgelegte Form füllen. Die Masse glattstreichen, den überstehenden Rand vom Teig daraufklappen, mit Ei einstreichen und obenauf einen Deckel legen. Den Teigdeckel auch mit Ei einpinseln. Bei 190 Grad 35 Minuten backen.

MEIN TIP: Der Krumbeer-Kuchen eignet sich auch als Beilage zu vielen Gerichten.

Rülzheimer Kartoffelomelette

800 g Pellkartoffeln
60 g Zwiebelwürfel
40 g Rauchfleischwürfel
20 g Petersilie (gehackt)
40 g Butter
1/2 TL Majoran
Salz, Pfeffer
(frisch gemahlen)

Die gekochten Pellkartoffeln abziehen und auskühlen lassen (noch besser, wenn man sie einen Tag vorher kocht). Nun die Kartoffeln raspeln. In einer Pfanne Butter, Zwiebel- und Rauchfleischwürfel sowie Petersilie anschwitzen, die geraspelten Kartoffeln dazugeben. Das Ganze gut anbraten, bis die Kartoffeln Farbe nehmen, mit Salz und Pfeffer abschmecken, zu einem Omelette formen und auf einer Platte anrichten.

Wildschweinsteak »Forsthaus Kastanienbusch« mit Pfälzer Spätzle

Wildschweinkeule
»Köhler Liesel«

Rülzheimer Kartoffelomelette

Pfälzer Kartoffelschnipsel

Krumbeere (Kartoffeln) mit Käsemarinade

1000 g Kartoffeln mit Schale
250 g Magerquark
150 g Crème fraîche
20 g Schnittlauch
20 g Petersilie
1 Knoblauchzehe
(zerdrückt)
1 Prise Zucker
Salz, Pfeffer
(frisch gemahlen)

Kartoffeln unter fließendem Wasser gut abbürsten, ungeschält salzen und pfeffern, in Alufolie einwickeln und ca. 1 Stunde bei 200 Grad im Backofen garen. Dann die Kartoffeln mit einem Kreuzschnitt versehen. Die Schnittstelle etwas auseinanderdrücken und die Käsemarinade hineinfüllen.
Käsemarinade: Quark, Crème fraîche kleingehackte Kräuter und den Knoblauch in einer Schüssel verrühren und mit Salz, Pfeffer und Zucker abschmecken.

MEIN TIP: Kartoffeln dürfen noch nicht welk sein. Am besten schmecken sie, wenn sie noch neu sind. Ein Pfälzer Riesling rundet dieses Gericht ab.

Krumbeer-Auflauf (Kartoffelauflauf) mit weißem Käse

Zutaten für 6 Personen:
0,2 Ltr. Wasser
50 g Butter
Muskat
Salz, 1 Prise Pfeffer
100 g Mehl
3 Eier
400 g Kartoffeln (geschält)
350 g 20prozentiger Quark
3 Eigelb
3 Eiweiß

Wasser mit Butter, Salz und Gewürzen zum Kochen bringen, das Mehl unterrühren und wie einen Brandteig abbrennen (so lange auf dem Feuer rühren, bis sich die Masse vom Löffel und vom Topf löst). Nun die 3 Eier nach und nach schnell unter die noch heiße Masse rühren. Dann die gekochten, noch heißen Kartoffeln durchpressen und zusammen mit dem Weißen Käse und den Eigelben flott vermischen und das geschlagene Eiweiß unterheben. Die Masse dann in eine mit Butter eingeriebene und mit Semmelbrösel ausgestreute feuerfeste Form füllen und bei 190 Grad 30 Minuten backen. Danach herausnehmen und sofort servieren.

MEIN TIP: Dazu paßt sehr gut frischer Stangenspargel mit einer Buttersauce, ein Salatteller, eine Tomatensauce oder eine Champignonrahmsauce. Ein Silvaner oder Ruländer wäre der ideale Weinbegleiter.

Pfälzer Kartoffelschnipsel

1000 g Kartoffeln mit Schale
250 g Magerquark
150 g Crème fraîche
20 g Schnittlauch
1 Knoblauchzehe zerdrückt
Salz, Pfeffer
(frisch gemahlen)

Kartoffeln mit der Schale unter fließendem Wasser gut bürsten, dann in 1 cm dicke Schnipsel schneiden und in der Friteuse wie Pommes frites ausbacken. In der Zwischenzeit Quark, Crème fraîche, Schnittlauch und die zerdrückte Knoblauchzehe in einer Schüssel gut vermischen und mit Salz und Pfeffer abschmecken. Kartoffelschnipsel und den Quark getrennt anrichten. Diese Speise kann man ohne Besteck essen, indem man die Kartoffelschnipsel in den Quark taucht.

MEIN TIP: Am besten schmeckt dieses Gericht mit neuen Kartoffeln.

Kartoffel-Tomaten-Gericht

700 g Kartoffeln (geschält)
4 Stück Zwieback
0,1 Ltr. Sahne
30 g Zwiebelwürfel
2 Knoblauchzehen
20 g Butter
50 g Tomatenpüree
150 g 20prozentiger Quark
100 g Crème fraîche
Zitronensaft
Zucker
1 Prise Cayennepfeffer
Salz, Pfeffer
(frisch gemahlen)
evtl. frisches Basilikum
(gehackt)

Kartoffeln in dicke Scheiben schneiden und in Salzwasser weich kochen, abschütten und warm stellen. Zwieback zerbröseln und in Sahne einweichen. Zwiebeln und den zerdrückten Knoblauch in Butter anschwitzen, mit dem Tomatenpüree vermischen und dem Stabmixer pürieren. Nun den Quark und die Crème fraîche unterziehen, nochmals pürieren. Mit den Gewürzen abschmecken und nochmals erhitzen, aber nicht kochen lassen. Wer will, kann noch etwas frisch gehacktes Basilikum hinzufügen. Heiße Kartoffeln anrichten, die Sauce über die Kartoffeln gießen und mit Walnüssen garniert servieren.

MEIN TIP: Zu diesem Kartoffelgericht paßt ein Pfälzer Schoppen (ein halber Liter Weißwein).

Pfälzer Mandeltaler

800 g Kartoffeln
10 g Butter
30 g roher Schinken
(klein gewürfelt)
20 g Zwiebel
(klein gewürfelt)
2 Eigelb
Muskat
Prise Zucker
Salz, Pfeffer
(frisch gemahlen)
etwas Mehl
1 Ei
50 g Mandelscheiben

Geschälte Kartoffeln in Salzwasser weich kochen, abschütten und gut ausdämpfen lassen, durchpressen. Die in Butter angeschwitzten Zwiebel- und Schinkenwürfel dazugeben, mit dem Eigelb und den Gewürzen vermischen, zu einer 6 cm dicken Rolle formen und erkalten lassen. Dann die Rolle in $1^1/_2$ cm dicke Scheiben schneiden, leicht in Mehl wälzen, in das verquirlte Ei tunken und in Mandelscheiben panieren. Die Kartoffeltaler in Butterschmalz bei nicht zu starker Hitze anbraten bis sie hellbraun sind.

MEIN TIP: Die Kartoffelmasse sollte sehr heiß verarbeitet werden, sonst verliert sie an Bindung.
Die Mandeltaler eignen sich als Beilage, aber auch zusammen mit Früchtekompott als eigenständiges Gericht.

Pfälzer Sauerrahm-Klößchen

500 g Kartoffeln (geschält)
3 Eier
100 g Grieß
50 g Mehl
50 g Butter
Muskat
Salz, Pfeffer

Sauce:
100 g Sahne
100 g Crème fraîche
1 Prise Streuwürzer
1 Prise Zucker
Salz

Kartoffeln in Würfel schneiden und in Salzwasser kochen. Wenn sie gar sind, abschütten, austrocknen lassen, durchpressen und mit den restlichen Zutaten vermengen und abschmecken. Salzwasser in einem Topf zum Kochen bringen, mit einem Eßlöffel Klöße abstechen und im kochenden Wasser etwa 15 Minuten ziehen lassen.
Für die Sauce Sahne und Crème fraîche in ein Töpfchen geben, erhitzen (nicht kochen), abschmecken und über die angerichteten Klößchen leeren.

MEIN TIP: Die Klößchen eignen sich auch als Beilage, wobei man sie ohne Sauce reicht. Wer sie als fleischloses Gericht bevorzugt (die Rezeptur gilt dann nur für zwei Personen), kann einen Salatteller oder Pflaumenkompott dazuessen.

Pfälzer Stangenspargel mit Pfannkuchen

2 kg frischer Stangenspargel
30 g Butter
1 Zitronenscheibe
Salz

Sauce:
25 g Mehl
40 g Butter
0,2 Ltr. Spargelfond
0,1 Ltr. Milch
0,1 Ltr. Pfälzer Ruländer
0,1 Ltr. Crème fraîche
1 Eigelb
wenig Muskat
Salz, Zucker

Pfannkuchen:
125 g Mehl
10 g Zucker
1 Ei
2 Eigelb
1/8 Ltr. Milch
1/8 Ltr. Sahne
50 g Butter
Salz

Den Stangenspargel schälen, zu 4 Bündeln binden und in Salzwasser mit Zucker und Zitrone kochen. Wenn der Spargel gar ist, herausnehmen und kurz im kaltem Wasser abschrecken, dann wieder in den vom Feuer genommenen Spargelfond zurücklegen.
Mit Mehl und Butter eine Schwitze bereiten, mit Spargelfond und Milch auffüllen, gut durchkochen lassen, den Pfälzer Ruländer Wein dazu und noch zwei Minuten weiterkochen, vom Feuer nehmen, mit Crème fraîche und Eigelb legieren und abschmecken. Nun darf die Spargelsauce nicht mehr kochen.
Mehl und Zucker in eine Schüssel mit dem Ei und Eigelb, Milch, Sahne zerlassener Butter und etwas Salz gut verrühren. Den Teig durch ein Spitzsieb passieren und Pfannkuchen in Butter ausbacken.

Pilz-Ragout »Drei Buchen«

*1,2 kg Mischpilze
(Pfifferlinge, Steinpilze,
Butterpilze)
60 g Zwiebeln
1 Knoblauchzehe
(zerdrückt)
40 g Butter
0,4 Ltr. Fleischbrühe
(s. S. 166)
0,3 Ltr. Sahne
30 g Mehlbutter (15 g Butter
und 15 g Mehl)
20 g Petersilie (gehackt)
Streuwürze
Muskat
Prise Zucker
Salz, Pfeffer*

Pilze putzen und waschen, auf ein Küchenpapier legen und trocken tupfen, dann in Scheiben schneiden. Zwiebeln mit dem Knoblauch anschwitzen, Pilze dazugeben und so lange mitanschwitzen, bis der Saft fast verdampft ist. Die Fleischbrühe zugießen, das Ganze zum Kochen bringen und noch etwa 10 Minuten köcheln lassen. Sahne unterziehen, nach Belieben mit Mehlbutter abbinden und abschmecken.

MEIN TIP: Zu diesem Gericht schmecken gut Pfälzer Weckknepp oder die Pfälzer Sauerrahm-Klößchen (ohne Sauce). Als Getränk empfehle ich einen Pfälzer Qualitätswein Kerner halbtrocken.
Am besten schmeckt natürlich dieses Gericht, wenn man die Pilze dazu noch selbst sucht. Sollten Sie die Pilze nicht genau kennen, dann belegen Sie doch einfach einen Pilzkurs an der Südlichen Weinstraße.

Schifferstadter Gemüsetorte

Zutaten für 12 Personen:
Gesalzener Mürbeteig
(s. S. 168)
250 g Erbsen (tiefgefroren)
250 g Pariser Karotten
(tiefgefroren)
250 g Blumenkohlrößchen
(klein)
250 g Brocccolirößchen
(klein)
200 g Sahne
100 g Crème fraîche
7 Eier
Muskat
etwas Streuwürze
Salz, Pfeffer
150 g roher Schinken
(klein gewürfelt)

Die Gemüsesorten getrennt in Salzwasser, dem man etwas Zucker zugegeben hat, kochen, bis sie noch Biß haben. Das Gemüse gut abtropfen lassen. Eine Springform (28 cm Durchmesser) mit dem ausgerollten Mürbeteig auslegen und einen 2,5 cm hohen Rand stehenlassen. Nun die Gemüsesorten reihenweise einlegen, obenauf den Schinken streuen, die mit den restlichen Zutaten verquirlte Eiermasse darübergießen und bei 200 Grad etwa 45 Minuten backen.

MEIN TIP: Zu dieser Gemüsetorte trinkt man am besten einen leichten Müller-Thurgau.

Die Schifferstadter frönen neben ihrer Arbeit vor allem einem ganz bestimmten Hobby: sie werkeln im Garten und auf dem Feld. So wurde diese vorderpfälzische Stadt für seinen Anbau von Salat, Gemüse und besonders von Rettichs bekannt.

Pfälzer Küfertorte

Zutaten für 12 Personen:
500 g Brötchenteig
(vom Bäcker)
600 g Frischkäse
6 EL Crème fraîche
1 EL Tomatenmark
1 EL Meerrettich (gerieben)
70 g roher Schinken
(klein gewürfelt)
70 g gekochter Schinken
(gewürfelt)
12 Scheiben Schweizer Käse
(dünn geschnitten)
100 g Mandeln (gehobelt
und geröstet)
1 EL Mandelstifte
4 EL Kräuter (Schnittlauch
und Petersilie fein gehackt)
Knoblauchpulver
Salz, Pfeffer
(frisch gemahlen)

Für die Torte eine Springform 26 cm Durchmesser ausbuttern, Semmelteig gleichmäßig hineindrücken und bei 200 Grad etwa 35 Minuten backen. Die fertige Brottorte zweimal quer durchschneiden.
Den Käse mit der Crème fraîche glattrühren. Die Hälfte der Masse abnehmen, mit Salz, Pfeffer und etwas Knoblauchpulver würzen und mit dem gekochten Schinken und dem Meerrettich vermischen. Die andere Hälfte der Käsecreme nochmals teilen. Unter den einen Teil die Kräuter, unter den anderen den rohen Schinken und das Tomatenmark rühren, gut vermischen und mit Salz und etwas Zucker abschmecken.
Den Boden der Torte mit der roten Crème, die nächste Tortenschicht mit der Kräutercreme bestreichen, nun den Tortendeckel darauflegen und mit der Meerrettich-Creme einstreichen. Das Ganze mit den Mandelscheiben bestreuen und mit dem Schweizer Käse garnieren.

Südpfälzer Quarkcreme

250 g Quark
150 g Crème fraîche
100 g Haselnüsse
(gemahlen)
100 g Butter
2 cl Pfälzer Weinbrand
1 TL Streuwürze
Pfeffer (frisch gemahlen)
1 Bund Basilikum
3 Blatt Gelatine
100 g Sahne

Alle Zutaten gut vermischen; das gehackte Basilikum und dann die eingeweichte und aufgelöste Gelatine hineinrühren und zum Schluß die geschlagene Sahne unterheben, in eine Schüssel geben und kalt stellen.

MEIN TIP: Diese Quarkcreme schmeckt sehr gut mit Pfälzer Würzbrot und einem Wein von der Südlichen Weinstraße.

Landau:
Restaurant Augustiner

Königstraße 26
6740 Landau
Telefon (06341) 4405
Inhaber:
Bernhard Weißmann
Küchenchef:
Bernhard Weißmann
Ruhetag: Mittwoch

Die gegenüberliegende Kirche, deren spätgotischer Kreuzgang zu den besonderen Sehenswürdigkeiten der Stadt Landau gehört, stand Pate bei der Namensgebung des Restaurants »Augustiner«, das auch den Mönch im Gasthausschild führt.

Der gebürtige Bayer Bernhard Weißmann hat das Restaurant 1979 nach gründlicher Renovierung übernommen und serviert in den beiden Gasträumen mit rund 130 Sitzplätzen ein schier unerschöpfliches Angebot aus der gesamten internationalen Küche, daneben Fisch, Wild, Steaks in verschiedenster Zubereitung, Pfälzer und hauseigene Spezialitäten; kalte und kleine Gerichte runden den Reigen der Standardkarte ab. Ein wechselndes, jahreszeitlich geprägtes Zusatzangebot steht ebenfalls zur Wahl. Für gediegene Familienfeiern im gehoben-gutbürgerlichen Rahmen eignet sich ein großes Nebenzimmer.

Unsere Hauptspeisen:
Woigoggel
* * *
Forellenfilets »Eußerthal«
* * *
Milchlammkeule »Bienwald«

Woigoggel

2 frische Hähnchen
(je ca. 1 kg)
1/2 Ltr. Dornfelder Rotwein
1/4 Ltr. Sahne
2 EL Gemüsestreifen
(Karotten, Lauch, Sellerie)
2 EL Zwiebelwürfel
1 EL Speckwürfel
Knoblauch
Thymian

Hähnchen vierteln und auslösen, in Mehl wenden und in Butter ca. 10 Minuten braten, danach warm stellen. Im Bratensatz Speck und Zwiebelchen anrösten, mit Rotwein auffüllen und zur Hälfte einkochen lassen; Sahne, Knoblauch und Thymian dazugeben, leicht binden und kurz blanchierte Gemüse-Streifen hineinrühren.
Als Beilagen passen sehr gut Weißbrot, Nudeln oder Spätzle sowie frische Blattsalate.

Forellenfilets »Eußerthal«

4 frische Forellen
(300 bis 350 g)
4 Tomaten
150 g Champignons
Kapern
Salz, Pfeffer aus der Mühle
Zitronensaft
Sauce Hollandaise von
2 Eigelben und 200 g Butter

Forellen filieren, mit Zitrone, Salz und Pfeffer würzen, in Butter auf jeder Seite ca. 2 Minuten braten; warm stellen. Zwiebelchen anrösten, abgezogene Tomatenwürfel, Champignonscheiben und Kapern mit anschwenken und auf den Forellenfilets anrichten, mit Hollandaise nappieren.
Dazu passen neue Kartoffeln und frische Blattsalate.

Milchlammkeule »Bienwald«

*1 Lammkeule ohne
Knochen (600 – 800 g)
Thymian
Knoblauch
Salz, Pfeffer aus der Mühle
1/2 Ltr. Gewürztraminer
1/4 Ltr. Sahne
6 Tomaten
600 g junge Bohnen
Speckwürfel
Zwiebelwürfel
1 Pfund Kartoffeln
ca. 1/2 Pfund Brandteig für
Pommes Dauphine*

Lammkeule mit Pfeffer, Salz, Thymian und Knoblauch würzen und gebunden im nicht zu heißen Ofen etwa 20 Minuten rosa braten. Bratensatz mit Wein auffüllen, zur Hälfte einkochen lassen, passieren, mit Sahne und Kräutern abschmecken.
Tomaten abziehen und anschwenken; Böhnchen blanchieren, mit Speckwürfeln und Zwiebelchen anschwenken.
Pommes Dauphine von 1/2 Pfund Brandteig und 1 Pfund Kartoffeln in Fett ausbacken.

**Dazu unsere
Weinempfehlung:**
*Wollmesheimer Dornfelder
Rotwein trocken*
* * *
*Frankweilerer Riesling
trocken*
* * *
*Ilbesheimer Gewürz-
traminer trocken*

Landau-Godramstein: Restaurant Keller

Bahnhofstraße 28
6740 Landau-Godramstein
Telefon (06341) 60333
Inhaber:
Bernhard H. Keller
Küchenchef und -meister:
Bernhard H. Keller
Ruhetag: Mittwochabend,
Donnerstag

In der vierten Generation führt Bernhard Keller seit nunmehr 20 Jahren dieses Haus am Eingang von Godramstein und hat aus der ehemaligen Dorfwirtschaft ein Restaurant geschaffen, das gehobenen Ansprüchen gerecht wird. Der ehemalige »Erbprinz«-Schüler, der unter anderem in Hamburg, München und auf See als zweiter Koch auf der Ostasienlinie seine Sporen verdiente, bietet eine konstant überdurchschnittliche Qualität einer überaus vielfältigen Küche, deren Spektrum vom Regionalen und Gutbürgerlichen bis zur Nouvelle Cuisine reicht. Neben dem Speiseangebot sollte man der Weinkarte mit einer Fülle gut ausgesuchter Gewächse besondere Beachtung zollen.

An den Wänden des zweigeteilten Gastraumes, in dem 70 Personen Platz finden, hängen großformatige Gemälde seines Bruders Klaus Heinrich Keller, wodurch dem Gast manchmal die Entscheidung nicht leichtfällt, ob er sich nun in das auf dem Teller Gebotene oder in die farbenprächtige Bilderwelt vertiefen soll.

Unser Menü:
Spinatrahmsuppe »Ullrich«
* * *
Taube »moderne Art«
* * *
Glacierte Pfirsiche an Rieslingschaum

Spinatrahmsuppe »Ullrich«

200 g frischer junger Spinat
1/2 Ltr. Brühe
100 g Crème fraîche
100 g Butter
Salz, Pfeffer
Muskat

Spinat waschen, im Topf blanchieren, in Eiswasser abkühlen. Spinatblätter im Mixer mit etwas eingekochtem Spinatfond (wegen der Farbe) sehr fein pürieren. Brühe hineinschütten, nach und nach Crème fraîche und Butter flockenweise hinzufügen, mit Salz, Pfeffer und Muskat abschmecken.
Mit Sahnehaube und gerösteten Mandelblättchen servieren.

Taube »moderne Art«

4 Täubchen (vom Händler auslösen lassen)
200 g Steinchampignons
20 g Fett
160 g Butter
100 g süßer Rahm
etwas Petersilie
4 dünne Scheiben fetter Speck
etwas Wurzelgemüse (Karotte, Lauch, Sellerie)
1/4 Ltr. Brühe
Salz, Pfeffer

Die Knochen der Täubchen mit dem Gemüse anbraten, Brühe angießen, einkochen lassen, mit Salz und Pfeffer abschmecken.
Die Taubenbrüstchen und -keulchen leicht würzen, in dünnen Speck einschlagen, vorsichtig bei mittlerer Hitze in der Pfanne ca. 5 Minuten braten.
Pilze kleinschneiden, in Butter kurz anbraten, mit den Tauben auf einem Teller anrichten, warm stellen. Die Pfanne mit dem eingedickten Fond der Knochen ablöschen, die Sauce mit der Sahne und etwas Butter aufschlagen und an die Tauben geben.
Als Beilagen empfehlen wir Spätzle und Blattsalat sowie frisches Gemüse.

Glacierte Pfirsiche an Rieslingschaum

8 halbe Pfirsiche
50 g Zucker
50 g Butter

Weinschaum:
4 Eigelb
0,4 Ltr. halbtrockener Riesling
100 g Zucker
2 ccl Pfälzer Weinbrand
10 g gehackte Pistazienkerne

Pfirsiche in dicke Scheiben schneiden und mit Butter und Zucker in einer Pfanne leicht karamelisieren lassen, auf einem tiefen Teller anrichten; warm stellen. Eigelbe, Zucker, Weinbrand und Riesling auf dem Feuer oder im Wasserbad zu einer sämigen Masse schlagen, Pfirsiche damit nappieren und mit gehackten Pistazien bestreuen.

Dazu unsere Weinempfehlung:
89er Godramsteiner Münzberg, Riesling Spätlese (Exklusivabfüllung für das Restaurant »Keller«)

Pfälzer Dampfnudeln

1000 g Mehl
40 g Hefe
20 g Zucker
0,2 Ltr. Milch
16 g Salz
2 Eier
etwa 0,2 Ltr. Wasser
etwa 100 g Schweineschmalz
oder Schmelzmargarine

Das Mehl in eine Schüssel sieben und eine Vertiefung formen, in der man die zerbröckelte Hefe, den Zucker und die lauwarme Milch (37 Grad) ohne das Mehl vermischt. Die Hefe etwas gehen lassen. Nun die restlichen Zutaten mit dem Mehl kräftig verkneten. Den Teig wieder gehen lassen bis er das doppelte Volumen erreicht hat, dann nochmals verkneten und zu 70 g schweren Bällchen formen. Diese auf ein Brett setzen, abdecken und gehen lassen. Um das Gehen zu verzögern, kann man einen Teil der Hefekugeln in den Kühlschrank stellen. Einen Gußtopf oder eine tiefe Teflonpfanne mit dem Bratfett erhitzen, den Boden mit leichtem Salzwasser etwa 1 cm hoch auffüllen, die Hefekugeln nicht so eng einsetzen. abdecken und etwa 13 bis 15 Minuten auf der Herdplatte bei mittlerer Hitze kochen lassen. In der Zwischenzeit den Deckel nicht abnehmen, sonst fallen die Dampfnudeln zusammen.
Wir Pfälzer sagen: «Die Dampfnudle sin gut, wenn se babble» – wenn Sie ein Bratgeräusch hören. Nun schnell den Deckel öffnen und die Dampfnudeln, wenn sie unten braun sind, herausnehmen.

MEIN TIP: Hierzu passen eine Morio-Schaumsauce (s. S. 147) oder Kompott, aber auch ein Pfälzer Kartoffelsüppchen.

Pfälzer Sauerrahmklößchen

Schifferstadter Gemüsetorte (vor dem Backen)

Schifferstadter Gemüsetorte
(nach dem Backen)

Marmorierte Schaumspeise
»Winzerfreude«

Gefüllte Eier »Hühnerhof«

12 Eier
50 g Butter
50 g Mayonnaise
2 EL Senf
250 g Champignons
6 EL Sonnenblumenöl
120 g roher Schinken
Salz, Pfeffer
(frisch gemahlen)
1 Prise Zucker

Die hartgekochten Eier der Länge nach halbieren, das Eigelb herausnehmen und durch ein Sieb streichen. Das Eigelb mit Butter, Mayonnaise und Senf zu einer cremigen Masse verrühren. Champignons kleinhacken, in etwas Sonnenblumenöl bei starker Hitze etwa 2 Minuten anbraten, abkühlen lassen und zusammen mit dem kleingewürfelten Schinken mit der Eigelbmasse vermischen. Zum Schluß das restliche Sonnenblumenöl tröpfchenweise unterrühren. Das Ganze mit frisch gemahlenem Pfeffer, Salz und Zucker abschmecken. Die fertige Masse in die ausgehöhlten Eierhälften füllen. Die restliche Eigelbmischung auf einer Platte mit den gefüllten Eierhälften anrichten.

MEIN TIP: Pfälzer Bratkartoffeln und ein Pfälzer Silvaner Kabinett sind zu diesem Eiergericht die besten Begleiter.

Pfälzer Weinbrandcreme

Zutaten für 10 Personen:
1 Ltr. Milch
120 g Zucker
150 g Kuvertüre
(Blockschokolade)
100 g Stärkepuder
100 g Pfälzer Weinbrand
400 g Sahne

Milch mit Zucker und der Kuvertüre aufkochen und mit dem Stärkepuder abbinden, gut durchkochen, den Pfälzer Weinbrand dazugeben, abkühlen lassen, mit einem Schneebesen aufrühren und die geschlagene Sahne unterheben.

MEIN TIP: Reichen Sie als Digestif einen Pfälzer Weinbrand.

Haselnuß-Weinbrand-Dessert

0,5 Ltr. Milch
60 g Speisestärke
60 g Zucker
1 Vanillestange
1 EL Pfälzer Weinbrand
100 g Haselnüsse (gerieben)
2 Eigelb
2 Eiweiß
3 Blatt Gelatine

Die Speisestärke mit etwas Milch anrühren, die Vanilleschote längs durch schneiden. Die restliche Milch mit der Vanilleschote und dem Zucker aufkochen lassen, die Stärke hineinrühren, dann den Pfälzer Weinbrand und die Haselnüsse unterziehen. Das Ganze 3 Minuten kochen lassen. Das Eigelb verquirlen, unter die Masse rühren, die eingeweichte und ausgedrückte Gelatine dazugeben, nochmals bis zum Siedepunkt erhitzen (aber nicht kochen lassen). Das geschlagene Eiweiß unter die noch heiße Masse heben und in mit Wasser ausgespülte Glasschälchen oder Formen füllen. Wenn das Dessert kalt ist, aus der Form stürzen und mit frischen Früchten garnieren.

MEIN TIP: Als Begleiter empfiehlt sich entweder ein Pfälzer Weinbrand oder eine Morio-Muskat Auslese.

Marmorierte Schaumspeise »Winzerfreude«

0,5 Ltr. Milch
50 g Zucker
1 Eigelb
4 Blatt Gelatine
2 cl Pfälzer Weinbrand
50 g Vanillepuddingpulver
50 g weiße Schokolade
50 g dunkle Schokolade
0,25 Ltr. Sahne
4 cl Pfälzer Morio-Muskat

0,3 Ltr. Milch zum Kochen bringen, die restliche Milch mit dem Zucker und dem Eigelb verrühren, in die heiße Milch gießen und etwa 2 Minuten kochen lassen. Die heiße Speise in zwei Teile trennen, in die eine Hälfte weiße Schokolade und in die andere Hälfte dunkle Schokolade und je 2 Blatt eingeweichte Gelatine dazugeben (dabei darauf achten, daß die Vanillecremespeise noch war ist). Nun unter die dunkle Schokoladenspeise den Pfälzer Weinbrand und unter die weiße Schokoladenspeise den Pfälzer Morio-Muskat heben. Beide Teile etwas abkühlen lassen, dabei mit Klarsichtfolie bedecken, damit die Speise keine Haut zieht. Dann je zur Hälfte geschlagene Sahne unterheben. Die beiden Speisen nacheinander in eine Schüssel füllen und sie mit einer Gabel wie bei einem Marmorkuchen etwas miteinander vermischen.

MEIN TIP: Einen großen Teller zunächst mit Puderzucker und dann mit etwas Kakao bestäuben, mit einem warmen Löffel (Eislöffel) die Speise ausstechen, auf den Teller legen und mit frischen Früchten garnieren.

Landauer Schokoladenschaumspeise

Zutaten für 6 Personen:
200 g Kuvertüre dunkel
2 Eigelb
50 g Zucker
3 cl Mocca
2 cl Pfälzer Weinbrand
1/4 Ltr. Sahne
2 Eiweiß
Blockschokolade

Kuvertüre im heißen Wasserbad flüssig werden lassen. Das Eigelb mit dem Zucker und dem Mocca im Wasserbad cremig schlagen, mit der Kuvertüre vermischen und den Pfälzer Weinbrand darunterrühren. Zum Weiterverarbeiten darauf achten, daß die Masse nur lauwarm (30 Grad) ist. Nun die geschlagene Sahne und anschließend das geschlagene Eiweiß vorsichtig unter die Schokoladenmasse heben. Die Schokoladenschaumspeise in Schälchen füllen und mit gehobelter Schokolade garnieren.

MEIN TIP: Kurz vor dem Servieren kann man auch noch 4 EL Sahne mit 2 EL Pfälzer Weinbrand vermischen und über das kalte Dessert gießen. Die Speise läßt sich einfrieren.

Pumpernickel-Erdbeer-Quarkspeise

200 g 20prozentigen Quark
0,15 Ltr. Milch
60 g Zucker
60 g Pumpernickel
100 g Erdbeeren
Zimt

Quark mit Milch und Zucker vermischen, den zerriebenen Pumpernickel unterheben, in Schälchen anrichten, mit Zimt bestreuen und mit Erdbeeren garnieren.

MEIN TIP: Zu diesem Dessert können auch andere frische Früchte verwendet werden.

Himbeer-Dessert »Pfälzer Geist«

300 g Himbeeren (frisch oder tiefgefroren)
4 cl Himbeergeist
0,5 Ltr. Pfälzer Weißherbst
100 g Zucker
6 Blatt Gelatine
1/8 Ltr. Sahne

Himbeeren in Schälchen füllen und mit Himbeergeist marinieren. Pfälzer Weißherbst mit Zucker aufkochen lassen, vom Feuer nehmen, die eingeweichte und ausgedrückte Gelatine dazugeben und solange rühren, bis sie sich aufgelöst hat. Die Flüssigkeit über die Himbeeren gießen, den Nachtisch kalt stellen. Die Sahne schlagen und das Dessert vor dem Servieren damit, sowie mit einer Himbeere und einem Zitronenmelisseblättchen garnieren.

MEIN TIP: Zu diesem Dessert eignet sich sehr gut eine Pfälzer Beerenauslese oder ein Pfälzer Eiswein.

Himbeerquark-Schaumspeise

350 g Himbeeren (frisch oder tiefgefroren)
150 g Zwieback
350 g 20prozentigen Quark
80 g Zucker
1 Päckchen Vanillezucker
4 cl Himbeergeist
1/8 Ltr. Sahne

Die Himbeeren, wenn gefroren, leicht auftauen lassen, Zwieback in kleine Stücke schneiden. Den Quark mit Zucker, Vanillezucker und Himbeergeist verrühren, dann die Sahne und Früchte unterheben und in Schälchen füllen. Mit einer Himbeere garnieren.

Pfirsich mit Johannisbeeren in Weingelee

*400 g Pfirsich
(aus der Dose)
0,1 Ltr. Fruchtsaft
0,2 Ltr. Pfälzer Morio-
Muskat
60 g Zucker
25 g Gelatine (gemahlen)
100 g Johannisbeeren (tiefgefroren oder frisch)*

Pfirsiche abtropfen lassen und in Würfel schneiden. Den Fruchtsaft von den Pfirsichen und den Pfälzer Morio-Muskat erhitzen, die angerührte Gelatine und den Zucker darunterrühren. Nun das Ganze kurz aufkochen lassen und die Pfirsichwürfel daruntermischen. In Formen oder Glasschälchen füllen und die Johannisbeeren unterheben. Die Speise kalt stellen und nach dem Erstarren stürzen.

MEIN TIP: Dazu paßt eine Vanillesauce, außerdem eine Spätburgunder Auslese oder eine Weißherbst Auslese.

Weinberg-Pfirsich »Seligmacher«

*1 Dose Pfirsich
(halbe Frucht)
40 g Zucker
40 g Butter
1/4 Ltr. Pfälzer Morio-
Muskat Spätlese
100 g Zwieback
50 g Marzipan
125 g Mandeln (gemahlen)
2 Eigelb
1 Eiweiß
Morio-Schaumsauce
(s. S. 147)*

Die Pfirsiche aus der Dose nehmen und abtropfen lassen. Zucker und Butter in einer Pfanne karamelisieren, mit Pfälzer Morio-Muskat ablöschen. Dann die Pfirsiche mit der Höhlung nach oben hineinsetzen. Den Zwieback in einer Plastiktüte mit dem Rollholz zerkleinern, mit Marzipan, Eigelb und Mandeln vermischen – sollte die Masse zu trocken sein, kann man noch etwas Pfirsichsaft dazugeben (aber Vorsicht, sie soll fest sein). Das Eiweiß zu steifem Schnee schlagen und unter die Masse heben. Nun die Pfirsichhälften damit füllen und im 200 Grad heißen Ofen etwa 10 Minuten backen. Die Pfirsiche auf einem großen Teller portionsweise anrichten und eine Morio-Schaumsauce dazugießen.

MEIN TIP: Reichen Sie zu diesem Dessert die restliche Morio-Muskat Spätlese.

Wingerts-Persching (Weinbergs-Pfirsich) flambiert

2 Orangen
500 g Pfirsiche aus der Dose oder 700 g frische
30 g Butter
60 g Zucker
100 g Mandelstifte
6 cl Pfälzer Weinbrand
50 g Sahne
0,1 Ltr. Pfälzer Morio-Muskat
100 g Sauerkirschen (tiefgefroren)

Orangen auspressen. Eine halbe Orange abreiben. Pfirsiche abschütten und abtropfen lassen. Butter mit Zucker und den Mandelstiften karamelisieren lassen und sofort den Pfälzer Morio-Muskat und den Orangensaft angießen, Pfirsiche und die abgeriebene Orangenschale unterrühren, und alles etwa 6 Minuten erhitzen. Nun den Pfälzer Weinbrand anzünden und abbrennen lassen. Die Sauce so lange kochen, bis sie etwas eingedickt ist. Die Sahne unterrühren, und die aufgetauten Sauerkirschen ohne Fond darüberstreuen und servieren.

Schattenmorellen mit Winzersektcreme

600 g Sauerkirschen (tiefgefroren)
0,1 Ltr. Pfälzer Dornfelder
2 EL Speisestärke
4 cl Kirschwasser
1 Päckchen Vanillecreme (kalt anzurührende Creme)
0,25 Ltr. Pfälzer Winzersekt
1 Ei
30 g Zucker
0,25 Ltr. Sahne

Die Sauerkirschen in einem Sieb auftauen lassen und den Fond auffangen. Den Sauerkirschenfond mit dem Rotwein aufkochen lassen, die angerührte Speisestärke darunterziehen und nochmals gut durchkochen lassen, das Kirschwasser hineinrühren und in Schälchen füllen; Sauerkirschen darüberstreuen. 1/2 Päckchen Vanillecreme mit dem Pfälzer Winzersekt anrühren, das Ei dazugeben, und dann die mit dem Zucker aufgeschlagene Sahne unterheben und über die Sauerkirschen streichen.

MEIN TIP: Das Dessert mit einer Sauerkirsche und einem Zitronenmelissenblatt garnieren. Dazu kann man Löffelbiskuit und einen Pfälzer Dornfelder Winzersekt reichen.

Haardter Holunderbeer-Traum mit Birnensauce

Zutaten für 10 Personen:
6 Eigelb
80 g Zucker
1/4 Ltr. Holunderbeersaft
(frisch oder aus der Flasche)
1/8 Ltr. Pfälzer Morio-Muskat
5 Blatt Gelatine
2 cl schwarzer Johannisbeerlikör

Birnensauce:
1 kg Birnen
80 g Zucker
2 Vanilleschoten
3/4 Ltr. Pfälzer Morio-Muskat
2 cl Birnenschnaps

Eigelb mit Zucker, Holunderbeersaft und dem Pfälzer Morio-Muskat über dem kochenden Wasserbad so lange aufschlagen, bis die Masse cremig wird. Die in Wasser eingeweichte und ausgedrückte Gelatine in die Masse geben und verrühren. Nun die Schüssel mit der Masse in kaltes Wasser stellen und so lange rühren, bis das Ganze anfängt, leicht zu gelieren. Dann den Johannisbeerlikör und die geschlagene Sahne unterheben und portionsweise abfüllen.

Für die Birnensauce Birnen schälen, entkernen und in 12 Achtel schneiden. Den Rest kleinwürfeln und mit dem Zucker, den Vanilleschoten und dem Pfälzer Morio-Muskat garen. Die gekochte Masse durch einen Rahmensieb oder mit dem Mixstab zerkleinern, die Birnenachtel darin garen und mit dem Dessert als Garnitur servieren.

MEIN TIP: Probieren Sie hierzu einen Pfälzer Dornfelder oder Portugieser Winzersekt.

Weinstraßen-Savarin

Teig:
175 g Mehl
8 g Hefe
20 g Zucker
5 cl lauwarme Milch
75 g Butter
2 Eier
1/4 TL Salz

Sirup:
1/4 Ltr. Pfälzer Ruländer
150 g Zucker
4 cl Pfälzer Weinbrand
4 EL Weingelee

Füllung:
1/8 Ltr. Pfälzer Wein Ruländer
100 g Zucker
1 KL Stärkepuder
300 g Weintrauben rot oder weiß
4 cl Pfälzer Weinbrand
1/8 Ltr. Sahne

Mehl in eine Schüssel sieben, eine Vertiefung hineindrücken und darin die zerbröckelte Hefe, Zucker und lauwarme Milch vermischen, abdecken und gehen lassen. Wenn sich das Volumen verdoppelt hat, das Mehl mit der Hefemasse und den restlichen Zutaten kräftig schlagen, dann nochmals gehen lassen. In eine ausgebutterte Form füllen und bei 200 Grad etwa 30 Minuten backen und dann erkalten lassen.
Für den Sirup den Pfälzer Ruländer mit dem Zucker erhitzen, den Pfälzer Weinbrand hineingießen und den gebackenen Kuchen darin tauchen. Nun den Weingelee erhitzen und mit einem Pinsel die Savarins einstreichen. Für die Füllung Pfälzer Ruländer und Zucker zum Kochen bringen, mit dem angerührten Stärkepuder binden, vom Feuer nehmen; dann die halbierten und entkernten Trauben sowie den Pfälzer Weinbrand unterrühren. Den Savarin anrichten und die Füllung in die Mitte geben. Die Sahne aufschlagen und als Garnitur aufspritzen.

MEIN TIP: Hat man keine Savarinform zur Hand, so nimmt man eine Kranzkuchenform. Den Teig kann man auch schon einen Tag zuvor herstellen.

Weinstraßen-Bratapfel

*4 große Äpfel
(Golden Delicious)
1 kleine Dose Pfirsich
150 g Feigen
60 g Mandeln gehackt
8 EL Honig
70 g Butter
Morio-Schaumsauce
(s. S. 147)*

Äpfel waschen und das Kerngehäuse weit ausstechen. 2 Pfirsiche und die Feigen kleinwürfeln, mit den Mandeln und dem Honig vermischen und damit die Äpfel füllen. In eine gefettete feuerfeste Form setzen, die restliche Butter in Flocken auf den Äpfeln verteilen; im Ofen bei 200 Grad etwa 30 Minuten garen. Mit einer Morio-Schaumsauce und den restlichen in Scheiben geschnittenen Pfirsichen anrichten.

MEIN TIP: Eine Morio-Muskat Spätlese als Getränk gibt diesem Dessert die letzte Abrundung.

Morio-Schaumsauce

2 Eigelb
80 g Zucker
1 Ei
0,2 Ltr. Pfälzer Morio-Muskat Spätlese

Eigelb mit Zucker schaumig rühren, dann das ganze Ei hineinrühren. Nun den Pfälzer Morio-Muskat dazuschütten und im heißen Wasserbad aufschlagen, bis die Masse cremig ist. Die Schaumsauce muß dann sofort serviert werden, weil sie sonst zusammenfällt.

MEIN TIP: Diese Schaumsauce eignet sich für viele Desserts. Dazu trinkt man natürlich einen Dessertwein, zum Beispiel eine Pfälzer Auslese oder Trockenbeerenauslese oder etwas ganz Besonderes: einen Pfälzer Eiswein.

Vanillesauce

1/4 Ltr. Milch
5 g Cremepulver (Fertigprodukt)
60 g Zucker
1 Eigelb
1/2 Vanillestange

Etwas Milch mit dem Cremepulver, Zucker und Eigelb anrühren. Die restliche Milch mit der Vanilleschote aufkochen lassen und die Crememischung hineinrühren, nochmals aufkochen lassen und passieren.
Diese Sauce können Sie zu vielen Desserts verwenden.

Pfälzer Haselnuß-Gugelhupf

1/4 Ltr. Milch
40 g Hefe
600 g Mehl
100 g Zucker
150 g Haselnüsse
(grob gehackt)
2 Eier
250 g Butter
6 EL Pfälzer Weinbrand
1 Prise Salz

Überzug:
150 g Aprikosenmarmelade
4 EL Morio-Muskat
150 g Puderzucker
4 EL Zitronensaft
50 g Haselnüsse
(fein gehackt)

Milch auf maximal 35 Grad erwärmen, in eine Schüssel gießen und die Hefe darin auflösen. Mehl und Zucker unterheben und den Vorteig gehen lassen, bis sich das Volumen verdoppelt hat. Grob gehackte Haselnüsse, Eier, weiche Butter und den Pfälzer Weinbrand mit dem Vorteig verkneten. Die Gugelhupfform mit Butter einstreichen und mit Mehl bestäuben, das überschüssige Mehl aus der Form ausklopfen. Nun den Teig einfüllen, und ihn an einem warmen Ort nochmals gehen lassen. Wenn sich das Volumen verdoppelt hat, den Teig bei 175 Grad etwa 60 Minuten backen. Dann die Form vorsichtig auf ein Kuchengitter stürzen, etwas erkalten lassen und die Form abheben.
In der Zwischenzeit die Aprikosenmarmelade mit dem Pfälzer Morio-Muskat vermischen, das Ganze erhitzen und den Gugelhupf damit einstreichen. Den Puderzucker mit dem Zitronensaft verrühren, den Kuchen damit erneut einstreichen und die 50 g Haselnüsse darüberstreuen.

MEIN TIP: Zu diesem Kuchen paßt nicht nur Kaffee, sondern auch ein Pfälzer Morio-Muskat Kabinett oder Spätlese.

Käsekuchen nach meiner Pfälzer Oma

4 Eier
60 g Butter
170 g Zucker
1 Päckchen Vanillezucker
500 g Magerquark
1 Röhrchen Zitronenaroma
100 g Mehl
1/2 Ltr. Milch
Hefeteig (s. S. 168)

Die Eier trennen, und das Eigelb mit Butter, Zucker und Vanillezucker schaumig schlagen, nach und nach den Quark darunterziehen. Zitronenaroma je nach Geschmack hinzufügen. Nun das Mehl in den Teig sieben und gut verrühren. Nach und nach die Milch hineingießen und gut verrühren. Zum Schluß das Eiweiß zu Schnee schlagen und unter die Käsemasse heben. Eine Käsekuchenform (28 cm Durchmesser) mit Hefeteig auslegen und die Masse einfüllen. Bei 200 Grad etwa 60 Minuten backen.

MEIN TIP: Als Boden kann auch ein Hefe-Mürbeteig verwendet werden; dieser Teig (1/3 Mürbe- und 2/3 Hefeteig verknetet) ist etwas zarter.

Quark-Kuchen »Landliese«

200 g Zwieback
40 g Zucker
1 Prise Salz
80 g Butter

Füllung:
125 g Butter
75 g Zucker
Salz
1 Päckchen Vanillezucker
4 Eigelb
4 Eiweiß
60 g Mehl
125 g Crème fraîche
325 g 20prozentigen Schichtkäse

Zwieback in der Plastiktüte mit dem Rollholz zerdrücken, mit Zucker und Salz vermischen, dann mit der Butter verkneten. Springform einfetten und die Masse dünn mit der Hand als Boden eindrücken (nicht ausrollen).
Butter mit Zucker und Salz schaumig rühren, darin Vanillezucker und Eigelb verrühren. Nun das Mehl, den durch ein Sieb gestrichenen Schichtkäse und die Crème fraîche unterrühren und gut durcharbeiten. Dann das geschlagene Eiweiß unterheben und die Masse auf die ausgelegte Form leeren. Bei 175 Grad etwa 60 Minuten backen.

Kastanien

*1000 g Kastanien
(tiefgefroren oder frisch geschält)
Salz*

Tiefgefrorene Kastanien auftauen lassen und dann vorsichtig in Salzwasser kochen.
Frische Kastanien werden mit der Schale in Salzwasser gekocht und dann geschält.

Kastanien glaciert

*500 g Kastanien
50 g Butter
75 g Zucker
0,3 Ltr. Braune Grundsauce
(s. S. 166)*

Kastanien etwa 6 Minuten kochen lassen, dabei darauf achten, daß sie nicht zu weich werden. In einem Topf Butter und Zucker karamelisieren; bei diesem Vorgang muß immer gerührt werden, damit sich die beiden Zutaten gleichmäßig verbinden. Nun sofort die braune Grundsauce hineinschütten, um ein Drittel einkochen lassen, dann die vorgekochten Kastanien unterheben. Das Ganze noch einmal aufkochen lassen.

MEIN TIP: Diese Zubereitungsart eignet sich besonders als Beilage zu Wild, aber auch zu einem Sauerbraten schmecken glacierte Kastanien sehr gut. Selbstverständlich können Sie die Kastanien auch einfrieren.

Pfälzer Spätzle

250 g Mehl
50 g roher Schinken (sehr fein gewürfelt)
20 g Petersilie (gehackt)
2 Eier
1/2 TL Muskat
1 Prise Zucker
5 g Salz
1/2 TL Pfeffer
160 g Wasser (lauwarm, 27 Grad)
1/2 EL Öl

Mehl in eine Schüssel geben, Schinken, Petersilie, Eier, Salz, Muskat, Pfeffer und Zucker zusammen mit dem lauwarmen Wasser zu einem glatten Teig verarbeiten, und zwar solange, bis der Teig Blasen wirft. Nun den Teig durch ein Lochblech in kochendes Salzwasser mit einem Horn streichen und etwa 3 Minuten leicht köcheln lassen.

MEIN TIP: Die Spätzle kann man schon einen Tag vorher herstellen. Vor dem Servieren die Spätzle in Butter leicht anbraten.
Beim Verarbeiten sollen die Zutaten alle Zimmertemperatur haben und das Wasser mindestens 37 Grad. Die Löcher im Lochblech sollten 10 mm dick sein. Sie können sich solch ein Blech selbst herstellen oder es herstellen lassen, indem man in ein glattes Kuchenblech Löcher bohrt, das überstehende Metall abschleift und dann einen Griff annietet: fertig ist Ihr Spätzlebrett!

Pfälzer Weckknepp

60 g Zwiebeln (gewürfelt)
40 g Rauchfleisch (gewürfelt)
4 Brötchen
40 g Butterschmalz
1/4 Ltr. Milch
3 Eier
1 Eigelb
Salz, Pfeffer (frisch gemahlen)
1/2 Bund Petersilie
Streuwürze
etwas Muskat

Das gewürfelte Rauchfleisch in einer Pfanne knusprig ausbraten, danach die Zwiebelwürfel dazugeben und mit dem Rauchfleisch anschwitzen. Das Ganze aus der Pfanne nehmen und in eine Schüssel schütten. Die Brötchen in kleine Würfel schneiden, mit dem Butterschmalz in der gleichen Pfanne anrösten und zu den Rauchfleisch-Zwiebeln geben. Die erhitzte Milch darübergießen, und die Brötchenwürfel dann 35 Minuten quellen lassen. Nun die Eier und das Eigelb sowie die feingehackte Petersilie daruntermischen und das Ganze abschmecken. Mit nassen Händen 12 Klöße formen und dann in kochendes Salzwasser legen, aber nicht kochen, sondern etwa 15 Minuten ziehen lassen.

Leinsweiler:
Hotel-Restaurant Leinsweiler Hof

Weinstraße
6741 Leinsweiler
Telefon (06345) 3640
und 3646
Inhaber: Arnold Neu
Küchenchef und -meister:
Kurt Martin
Ruhetag: Montag
Terrasse
Übernachtungsmöglichkeit
(Hotel)

An einem der schönsten Fleckchen der Südlichen Weinstraße, abseits vom Durchgangsverkehr und inmitten von Reben, liegt das Hotel-Restaurant »Leinsweiler Hof«. 1984 übernahm Arnold Neu vom Vater das großzügige Sandsteingebäude aus den 30er Jahren. Insgesamt kann das Restaurant mehr als 200 Personen aufnehmen, doch verteilen sich die Plätze geschickt auf vier individuell und geschmackvoll eingerichtete Speiseräume. Der Gast hat die Wahl zwischen dem dezentvornehmen Wasgauzimmer, der Slevogtstube mit dem größten runden Tisch der Südpfalz, dem gemütlichrustikalen Kaminzimmer und dem Terrassenrestaurant mit herrlichem Panorama. An sonnigen Tagen kann man die Aussicht auch direkt von der schönen Gartenterrasse aus genießen. Das Silence-Hotel mit 80 Betten wird gerne auch von Tagungsgästen in Anspruch genommen. Unter den Zimmern sticht besonders die Adolf-Kessler-Suite heraus, die der Maler 1955 mit Seccofresken ausgestattet hat.

Küchenmeister Kurt Martin versteht es, die Wünsche seiner Gäste auf individuelle Weise zu erfüllen. Die umfangreiche und vielfältige Speisekarte bietet internationale sowie verfeinerte Gerichte, insbesondere Wild und Fisch; auch wird die Neue Pfälzer Küche hier gepflegt. Die mit Auszeichnung versehene Weinkarte enthält eine ganze Reihe ausgesuchter Gewächse der Südlichen Weinstraße.

Unser Menü:
Südpfälzer Weinbergschnecken in Blätterteigkrönchen
* * *
Südpfälzer Küfersteak
* * *
Leinsweilerer Rieslingkäse in Weinlaub
* * *
Apfelküchel

Südpfälzer Weinbergschnecken in Blätterteigkrönchen

24 Minipastetchen
24 Weinbergschnecken
(können auch mehr sein)
40 g Frühlingszwiebeln in
feinen Streifen
20 g Zwiebelwürfel (fein)
20 g Butter
1 Knoblauchzehe
2 frische Tomaten (geschält,
entkernt und gewürfelt)
0,1 Ltr. Weißer Burgunder
trocken
0,3 Ltr. Sahne
Salz, Pfeffer
frische Kräuter (Petersilie,
Kerbel usw.)

Die Butter in einem Topf zergehen lassen und darin die Zwiebeln goldgelb anschwitzen. Dann nacheinander die Schnecken, Tomatenwürfel, den fein zerdrückten Knoblauch und die Frühlingszwiebeln hinzugeben. Wenn alles angeschwitzt ist, mit dem Weißen Burgunder ablöschen und die Hälfte der Flüssigkeit einkochen lassen. Mit der Sahne auffüllen und zu einer sämigen Sauce köcheln lassen. Mit Salz, weißem Pfeffer sowie frischen Kräutern abschmecken.

Die Schnecken in die vorgewärmten Minipastetchen (6 Stück pro Person) füllen, mit der Sauce übergießen und auf vorgewärmten Tellern servieren. Nach Bedarf Weißbrot dazu reichen.

Südpfälzer Küfersteak

4 zarte Rumpsteaks
(à 200 g)
8–12 Zwiebelscheiben
Senf
Salz, Pfeffer
200 g frische Champignons
2 kleine Knoblauchzehen
Butter
Semmelbrösel
Würfel von vier geschälten
und entkernten Tomaten
Petersilie (gehackt)
8–12 EL Spätburgunder

Butter in einem Töpfchen zergehen lassen, Semmelbrösel (ca. 8 EL) Tomatenwürfel, zerdrückte Knoblauchzehen, Spätburgunder und gehackte Petersilie hinzugeben, mit Pfeffer und Salz etwas würzen.
Die Zwiebelscheiben leicht würzen und dann vorsichtig in Mehl wenden; nun in einer Pfanne zusammen mit den Campignonscheiben anschmoren.
Die Rumpsteaks mit Pfeffer und Salz würzen und mit Senf dünn bestreichen. Nun je nach Wunsch medium oder fast durch braten. Auf die Rumpsteaks nun die angebratenen Zwiebel- und Champignonscheiben legen, mit den vorbereiteten Zutaten aus dem Töpfchen überdecken und im Grill kurz überbacken.
Als Beilagen eignen sich Bratkartoffeln und Salate.

Leinsweilerer Rieslingkäse in Weinlaub

500 g Schichtkäse
200 g Crème fraîche
100 g Butter
1–2 TL Salz
0,1 Ltr. Riesling trocken
Weinblätter (gibt es im
Delikatessenhandel eingelegt
zu kaufen)

Butter und Salz schaumig rühren, Crème fraîche, Schichtkäse und Riesling nach und nach mit dem Kochlöffel unterrühren.
Aus der fertigen Masse kleine Käse formen und in Weinlaub einschlagen. Auf einem Holzbrett an einem warmen Platz bei Zimmertemperatur ca. 3 bis 4 Tage lagern.
Mit Radieschensalat und Bauernbrot servieren.

Apfelküchel

120 g Milch
100 g Mehl
1 EL Zucker
1 Prise Salz
1 Ei
1 Eigelb zusätzlich
1 EL zerlassene Butter
1 Apfel
4 cl. Pfälzer Delicius Branntwein
4 Bällchen Walnußeis

Aus Milch, Mehl, Zucker, Salz, Eiern und zerlassener Butter einen Pfannkuchenteig bereiten. Apfel schälen, Kerngehäuse ausstechen, und den Apfel in dünne Scheiben schneiden (etwas mit Zitrone abreiben, dann bleiben sie hell).
Aus dem Teig 4 dünne Pfannkuchen von ca. 20 cm Durchmesser backen. Die Apfelscheiben auf den fast fertigen Pfannkuchen legen, mit Zucker bestreuen und bei Oberhitze gratinieren. Wenn der Zucker leicht braun ist, mit Delicius beträufeln, 1 Bällchen Walnußeis in der Mitte placieren und sofort servieren.

Dazu unsere Weinempfehlung:

Bereich Südliche Weinstraße, Weißer Burgunder trocken

✳ ✳ ✳

Leinsweiler Sonnenberg, Spätburgunder trocken

✳ ✳ ✳

Leinsweiler Sonnenberg, Riesling QbA. trocken

✳ ✳ ✳

Leinsweiler Riesling-Jahrgangssekt extra trocken, Flaschengärung

Leinsweiler:
Hotel-Restaurant Rebmann

Weinstraße 8
6741 Leinsweiler
Telefon (0 63 45) 25 30
und 89 99
Inhaber: Rudi Rebmann
Küchenchef und -meister:
Rudi Rebmann
Ruhetag: Mittwoch
Terrasse
Übernachtungsmöglichkeit
(Hotel)

Gemeinsam auf Erfolgskurs setzen Rudi und Margot Rebmann – und das nun schon seit über 20 Jahren. 1974 legten beide in Braunschweig ihre Meisterprüfung ab – er im Küchen-, sie im Servierfach –, und vier Jahre später machten sie sich selbständig. Das alte Winzerhaus in Leinsweiler renovierten sie von Grund auf und richteten im ehemaligen Weinkeller ein Restaurant mit 65 Sitzplätzen im rustikalen Stil ein. Steinsäulen und Holzbalken wurden aus den Urtagen des Hauses herübergerettet. Im alten Winzerhof läßt es sich des sommers unter Reben vorzüglich speisen. In den Genuß von Rudi Rebmanns Kochkünsten, insbesondere der Neuen Pfälzer Küche und seiner Fisch- und Wildspezialitäten, kommt man jedoch nicht nur in seinem Lokal, bei ihm kann man sich auch ein kaltes Bufett zusammenstellen und nach Hause bringen lassen.

Unser Menü:

Kartoffel-Rôti »Südliche Weinstraße« (Pfälzer Pfannkuchen)

* * *

Pfälzer Schmetterling

* * *

Rotwein-Parfait (Halbgefrorenes)

Kartoffel-Rôti »Südliche Weinstraße« (Pfälzer Pfannkuchen)

4 bis 6 große geschälte Kartoffeln
1 kleine Zucchini (in Scheibchen geschnitten) oder Lauch (in feinen Streifen)
4 Scheiben gekochten Schinken
4 Scheiben Schmelzkäse
etwas Magarine
etwas Butter

Die Kartoffeln in 1 bis 2 mm dicke Scheiben schneiden und leicht salzen, etwa 5 Minuten stehen lassen.
Eine kalte, beschichtete Pfanne mit Magarine gut auspinseln und den Boden mit einer Schicht Kartoffelscheiben in Fächerform auslegen. Darauf Zucchinischeiben oder Lauchstreifen, Schinken und Käse schichten. Das Ganze nochmals mit einer zweiten Schicht Kartoffeln belegen. Auf dem Ofen beidseitig goldgelb anbraten und bei schwacher Hitze mit Butter fertig garen.

Pfälzer Schmetterling (Gefüllte Rindersteaks mit Weinbergschnecken in einer Riesling-Kräuter-Sahnesauce)

4 Rindersteaks (à 160 g, am besten Roastbeef)
32 Weinbergschnecken
1 Zwiebel
50 g Butter
1/8 Ltr. Riesling trocken
1/8 Ltr. Sahne
3 TL frische Kräuter (Basilikum, Schnittlauch, Petersilie)
etwas Rosmarin
Salz, Pfeffer

In kleine Würfel geschnittene Zwiebeln in ein Töpfchen mit Butter geben und leicht glasig dünsten, die gewünschte Menge Schnecken ebenfalls mitdünsten, mit einem trockenen Riesling ablöschen, etwas flüssige Sahne und genügend frische Kräuter dazugeben. Das Ganze gut einkochen lassen und mit etwas Salz und Pfeffer würzen, wenn nötig etwas nachbinden.
In die Steaks Taschen schneiden, mit der Schneckenmasse füllen, mit Salz, Pfeffer und etwas Rosmarin würzen, in einer heißen Pfanne je nach Bedarf braten.
Als Beilagen eignen sich sehr gut gefüllte Zucchini mit glacierten Möhrchen und weißen Rübchen sowie gefüllte Kartoffeln in der Schale.

Gefüllte Zucchini:
2 kleine Zucchini
0,5 Ltr. Brühe
12 Möhrchen
12 weiße Rübchen
Butter
1 Zwiebelchen

2 kleine Zucchini halbieren, mit einem kleinen Löffel aushöhlen und kurz in einer leichten Brühe nicht zu weich garen. Möhrchen und weiße Rübchen schälen, in Butter mit Zwiebelwürfelchen andünsten und mit etwas Brühe auffüllen, nicht zu weich werden lassen. Möhrchen und Rübchen in die halbierten Zucchini füllen und als Garnitur mit dem Steak auf dem Teller anrichten.

Gefüllte Kartoffeln:
4 große Kartoffeln
9 EL Quark
3 EL Crème fraîche
Salz, Pfeffer

4 große ungeschälte Kartoffeln in Salzwasser ca. 15 Minuten kochen, herausnehmen, Deckel abschneiden und vorsichtig aushöhlen. Eine Masse aus 2/3 Quark und 1/3 Crème fraîche, etwas Salz und Pfeffer herstellen, die Kartoffeln damit füllen und die Deckel wieder auflegen. Die Kartoffeln in eine gefettete, feuerfeste Form geben und bei etwa 160 Grad 20 Minuten garen.

Rotwein-Parfait (Halbgefrorenes)

Masse I
0,5 Ltr. Dornfelder Rotwein
100 g Zucker
325 g Butter
3 Eigelb

Masse II
4 Eier
60 g Zucker
90 g Zucker
5 cl Grand Marnier

Für die erste Masse Rotwein, Zucker und Butter aufschlagen, etwas abkühlen lassen, dann 3 Eigelb untermischen. Das Ganze im Kühlschrank einen Tag kalt stellen.
Für die zweite Masse Eigelb und 60g Zucker schaumig schlagen. Eiweiß steif schlagen und nach und nach den restlichen Zucker unterrühren. Eiweiß, Eidotter und Grand Marnier miteinander vermischen.
Die Rotwein-Masse in ein Rührgerät geben und zunächst langsam, dann nach und nach immer schneller rühren, bis eine fest Masse entstanden ist. Diese mit der zweiten Masse vermengen und in eine Form füllen. Das Ganze vier Stunden in der Kühltruhe durchfrieren lassen. Bei Gebrauch mit einem heißen Messer Portionen abschneiden.

Dazu unsere Weinempfehlung:

Leinsweiler Sonnenberg, Riesling trocken, Holzfaßausbau

* * *

Ilbesheimer Herrlich, Spätburgunder Weißherbst trocken

* * *

Wollmesheimer Mütterle, Dornfelder Winzersekt trocken

Pfälzer Würzbrot

Sauerteig:
250 g Roggenmehl
15 g Hefe
375 g Wasser
1 Zwiebel

Würzbrot:
135 g Roggenmehl
500 g Weizenmehl
30 g Hefe
Sauerteig
1 KL Kümmel (gemahlen)
1 KL Anis
1 KL Koriander
1/2 KL Pfeffer
0,25 Ltr. Wasser (lauwarm)
1 1/2 EL Salz
1 TL Zucker

Für den Sauerteig Hefe in Wasser auflösen, das Mehl hinzugeben und den Teig schlagen, bis er keine Klümpchen mehr hat; die Zwiebel in der Mitte durchschneiden, auf den Teig legen, mit Klarsichtfolie abdecken und mindestens 24 Stunden im Warmen stehen lassen. Wenn er einen säuerlichen Geruch hat, kann man ihn verwenden.

Für das Würzbrot Roggen- und Weizenmehl in einer Schüssel zusammen mit den Gewürzen vermischen, den vorher aufgerührten Sauerteig sowie Wasser, Salz und Zucker hineingeben und den Teig gut verkneten. Nun den Teig etwa 1/2 bis 1 Stunde gehen lassen, bis sich das Volumen verdoppelt hat, nochmals verkneten und zu 2 Stangenbroten à 500 g ausrollen, auf das Backblech setzen und nochmals gehen lassen. Die Brote mit einer Rasierklinge oder einem scharfen Messer schräg einschneiden und bei 230 Grad etwa 10 Minuten backen. Den Backofen auf 190 Grad herunterschalten und noch etwa 30 Minuten weiterbacken. Das Brot ist gebacken, wenn man mit dem Finger daraufklopft und es hohl klingt. Sie können den Teig dunkler herstellen, wenn Sie etwas Zuckercouleur untermischen.

Den restlichen Teig (etwa 300 g) wieder 24 Stunden stehen lassen, aufrühren und einfrieren. Bei Bedarf diesen Teig auftauen lassen und fürs nächste Brot verwenden.

*Landauer
Schokoladenschaumspeise
auf Fruchtsauce*

Wingerts-Persching flambiert

Schattenmorellen mit Winzersektcreme

Weinstraßen-Bratapfel mit Morio-Schaumsauce

Pfälzer Sauerkraut

500 g Sauerkraut
50 g Zwiebeln
70 g Schweineschmalz
0,2 Ltr. Müller-Thurgau
0,1 Ltr. Wasser
Streuwürze
6 Wacholderbeeren
2 Lorbeerblätter
Pfefferkörner
Zucker

Zwiebeln in Scheiben schneiden und in Schweineschmalz anschwitzen, Sauerkraut dazugeben und zusammen mit dem Müller-Thurgau, 0,1 Ltr. Wasser und den Gewürzen etwa 10 Minuten kochen lassen, je nach Geschmack mit etwas Zucker abschmecken.

MEIN TIP: Vegetarier können statt Schweineschmalz Sonnenblumenöl verwenden.

Weißkraut »Pfälzer Art«

800 g Weißkraut (geputzt und ohne Strunk)
40 g Butter
40 g Zwiebelwürfelchen
0,1 Ltr. Pfälzer Ruländer Kabinett
150 g Kohlfond
1 KL Stärkepuder
100 g Crème fraîche
2 EL Kapern
wenig Muskat
Salz, Pfeffer
(frisch gemahlen)

Den Weißkohl in 1 x 1 cm große Würfel schneiden, in Salzwasser garen, abschütten und dabei den Fond aufheben. Zwiebeln in Butter anschwitzen, mit Pfälzer Ruländer und dem Kohlfond ablöschen, etwa 10 Minuten kochen lassen und mit dem angerührten Stärkepuder binden. Das Ganze gut durchkochen lassen und dann die Crème fraîche und die gehackten Kapern daruntermischen.

Fleischbrühe

Zutaten für 2 Liter:
1000 g Rinderknochen
600 g Rindfleisch
180 g Zwiebeln mit Schale
2 Knoblauchzehen
100 g Weißkraut
100 g Sellerie
80 g Karotten
80 g Lauch
80 g Petersilienwurzel
2 Lorbeerblätter
1/4 TL Koriander
wenig Muskat
Salz, Pfeffer

Die Knochen kleingehackt mit 2 Ltr. Wasser aufstellen, das Rindfleisch in die kochende Brühe dazugeben und insgesamt 2 Stunden bei schwachem Feuer köcheln lassen und dabei immer wieder den Schaum abnehmen. Die Fleischbrühe nie abdecken und nie stark kochen lassen, sonst wird sie sehr trübe. Nach 1 bis 1$^1/_2$ Stunden die Fleischbrühe leicht salzen, Gewürze, Gemüse und die angebräunten Zwiebeln mit der Schale hinzufügen und noch eine weitere Stunde kochen lassen, abschmecken und durch ein Haarsieb oder ein Tuch passieren.

MEIN TIP: Das gekochte Rindfleisch kann für einen Weinstraßensalat verwendet werden.

Braune Grundsauce

Zutaten für 1 Liter:
1000 g Kalbsknochen
50 g Bratfett
200 g Zwiebeln
(große Würfel)
40 g Karotten
(große Würfel)
25 g Sellerie (große Würfel)
25 g Lauch (große Stücke)
1 Knoblauchzehe
30 g Mehl
1/2 EL Tomatenmark
12 Pfefferkörner
2 Nelken
1 Lorbeerblatt
3 Pimentkugeln
1/2 TL Bohnenkraut
1/2 TL Thymian
1 TL Majoran
1/2 TL Liebstöckel
0,25 Ltr. Pfälzer Rotwein
1,3 Ltr. Wasser

Die Knochen vom Metzger in walnußgroße Stücke hacken lassen und in einem Topf in Bratfett gut anbraten. Das Wurzelwerk dazugeben und ebenfalls anbraten, bis es eine schöne braune Farbe hat, mit wenig Wasser ablöschen und einkochen lassen. Nun das Tomatenmark, die Gewürze und das Mehl hineinrühren, nochmals anrösten und mit 1,3 Ltr. Wasser und dem Pfälzer Rotwein auffüllen. Das Ganze etwa 1 Stunde kochen lassen und dann mit einen Spitzsieb passieren.

MEIN TIP: Legen Sie sich von dieser Grundsauce einen Vorrat an, indem Sie die Sauce portionsweise einfrieren.
Statt Mehl kann man auch Mehlbutter (Mehl und Butter im Verhältnis 1:1) zum Binden verwenden.

Brauner Wildfond

1 kg Wildknochen
100 g Rauchfleischschwarten
50 g Bratfett
50 g Karotten
40 g Lauch
40 g Sellerie
200 g Zwiebeln
2 Knoblauchzehen
1 KL Tomatenmark
3 Lorbeerblätter
6 Wacholderbeeren
1 TL Thymian
1 TL Majoran
1 TL Liebstöckel
1/2 TL Bohnenkraut
0,3 Ltr. Pfälzer Rotwein
2,5 Ltr. Wasser
wenig Salz

Die Knochen walnußgroß hacken lassen, mit den kleingeschnittenen Speckschwarten in Bratfett gut anrösten; Sellerie, Karotten, Zwiebeln und den Lauch in 2 cm große Würfel schneiden und mit anbraten, bis alles schön braun ist. Knoblauchzehe, Tomatenmark und die Gewürze dazugeben, mit Pfälzer Rotwein ablöschen und mit 2,5 Ltr. Wasser auffüllen. Etwa 35 Minuten gut kochen lassen, mit wenig Salz abschmecken, passieren, portionieren und einfrieren.

MEIN TIP: Diesen Fond können Sie für viele Wildgerichte verwenden. Sollten Sie keine Knochen haben, so können Sie auch ein Fertigprodukt nehmen.

Hefeteig

500 g Mehl
40 g Hefe
150 g Milch
2 Eier
80 g Zucker
80 g Butter
5 g Salz
abgeriebene Schale einer halben Zitrone

Das Mehl in eine Schüssel sieben, eine Mulde herstellen, die lauwarme (36 Grad) Milch hineinschütten, dann den Zucker und die zerbröckelte Hefe hineinrühren und das Ganze an einem warmen Ort gehen lassen. Sobald man Blasen sieht, den Vorteig mit den restlichen Zutaten gut verkneten. Den Teig nochmals gehen lassen und dann zu dem gewünschten Kuchen verarbeiten.

Gesalzener Mürbeteig

330 g Mehl
150 g Butter
1 Ei
2 – 3 EL Wasser
4 g Salz

Mehl auf den Tisch sieben, in die Mitte eine Mulde drücken, die restlichen Zutaten hineingeben und alles schnell verarbeiten, dabei darauf achten, daß der Teig nicht »verbrennt«, wie der Fachmann sagt, das heißt er darf nicht zu warm werden. Teig reicht für einen Kuchenboden von 30 cm Durchmesser.

MEIN TIP: Dieser Teig kann für verschiedene Füllungen verwendet werden.

Pastetenteig

*Zutaten für etwa
900 Gramm:
500 g Mehl
250 g Butter
1 Ei
8 – 12 EL Wasser
9 g Salz*

Mehl auf eine Arbeitsplatte sieben und in der Mitte eine Mulde formen; die restlichen Zutaten zugeben und möglichst schnell zusammenkneten, darauf achten, daß der Teig nicht brandig wird, sonst verliert er seine Bindung.

Nudelteig

*600 g Mehl
2 EL Öl
4 Eier
etwa 0,1 Ltr. Wasser
15 g Salz*

Alle Zutaten zu einem festen Teig verkneten, dann sollte man ihn mindestens 30 Minuten ruhen lassen. Danach kann er für verschiedene Gerichte weiterverarbeitet werden.

MEIN TIP: Der Nudelteig ist die Grundlage für Hausmacher Nudeln, Teigtaschen, Ravioli usw.

Aspik

30 g Gelatine-Pulver
0,3 Ltr. Fleischbrühe
(passiert, s. S. 166)
0,2 Ltr. Pfälzer Gewürz-
traminer Auslese
20 g Soja-Sauce
Salz, Zucker

Die Fleischbrühe aufkochen lassen. In der Zwischenzeit das Gelatine-Pulver in der Gewürztraminer Auslese einweichen und dann in die aufgekochte Fleischbrühe rühren. Die Soja-Sauce dazugießen und abschmecken.

Honig-Dressing

200 g Crème fraîche
200 g Sahne
80 g Honig
2 Joghurt (natur)
2 Zitronen
10 g Würzmittel
10 g Salz
Pfeffer

Crème fraîche, Sahne, Joghurt, Honig in eine Schüssel geben, dann mit dem Saft zweier Zitronen und den Gewürzen gut verrühren.

MEIN TIP: Honig-Dressing paßt zu vielen Salaten, nicht nur zu Blatt-, sondern auch zu Blumenkohl- und Karottensalat.

St. Martin:
Restaurant Grafenstube

Edenkobener Straße 36
6731 St. Martin
Telefon (06323) 2798
Inhaber: Herbert Krebs
Küchenchef und -meister:
Herbert Krebs, unterstützt
von Marcus Krebs
Ruhetag: Montag, Dienstag
(außer an Feiertagen)

Das gastliche Leben spielt sich bei der Familie Krebs in drei verschiedenen Räumlichkeiten ab. Die eigentliche Grafenstube, die viel Platz für insgesamt 72 Personen an den geräumigen Tischen bietet, strahlt dank Holzkastendecke, bleiverglaster Lampen, Gemälde, eines geschnitzten Martinus und einer Ritterrüstung an der Tür rustikale Gemütlichkeit aus. Für Gesellschaften eignen sich die 120 Plätze fassende Bauernstube sowie der Bacchuskeller – das sehenswerte Sandsteingewölbe eines ehemaligen Weinkellers – für maximal 72 Personen, der dem Namen »Grafenstube« alle Ehre macht. Herbert Krebs und sein Sohn Marcus bemühen sich gemeinsam um das leibliche Wohl ihrer Gäste. Sie legen Wert auf eine große Speisekarte mit einem breiten Spektrum auf einem gehobenen gutbürgerlichen Niveau. Neben verschiedenen Gerichten von Schwein, Rind, Kalb und Lamm gehören Fisch und Wild zum Standardrepertoire, das durch ein saisonales Angebot noch ergänzt wird. Aus dem reichhaltig bestückten Keller kommen nur »Maademer« (St. Martiner) Weine, wovon 17 im offenen Ausschank angeboten werden.

Unser Menü:

Geröstete Grießsuppe mit Streifen von Sauerampfer

* * *

Filet in Steinchampignons im Wirsingblatt mit Kartoffelstrudel

* * *

Halbgefrorenes von Feigen mit Traminer-Birne und Weinschaum

Geröstete Grießsuppe mit Streifen von Sauerampfer

40 g Grieß
6 dl Fleischbrühe
2 dl süße Sahne
2 EL geschlagene Sahne
2 Eigelb
6–8 Blätter Sauerampfer
Salz, Pfeffer aus der Mühle

Grieß in einem Topf mit etwas Butter nußbraun rösten. Mit entfetteter Fleischbrühe aufgießen und gut verrühren. Ca. 10 Minuten köcheln lassen. Sahne mit den Eigelben verquirlen und unter die Suppe ziehen, nicht mehr kochen lassen. Gegebenenfalls mit Salz und gemahlenem Pfeffer würzen. Geschlagene Sahne unterziehen. Den gewaschenen, entrippten und in feine Streifen geschnittenen Sauerampfer dazugeben. Die Suppe in vorgewärmten Suppentassen anrichten und mit Sauerampfer garnieren.

Filet in Steinchampignons im Wirsingblatt

600 g Schweinefilet (pariert, d. h. von Sehnen und Fett befreit)
3 EL Olivenöl
200 g Schweinehack
200 g Steinchampignons
10 g frischer oder 1 TL getrockneter Majoran
3 EL Zwiebelwürfel
1 Eigelb
1 kleiner Wirsingkohl
ca. 100 g Schweinenetze

Jus:
300 g Kalbsknochen (walnußgroß)
1 Karotte (gewürfelt)
2 mittelgroße Zwiebeln (gewürfelt)
1/4 Sellerie (gewürfelt)
1/2 Stange Lauch (gewürfelt)
2 EL Tomatenmark
1 Gewürzbeutel aus Rosmarin, Thymian, Knoblauchzehen und Lorbeerblatt
Salz, Pfeffer

Filet mit Salz und gemahlenem Pfeffer würzen, gleichmäßig ca. 3 Minuten in 3 EL Olivenöl anbraten, auf einem Teller auskühlen lassen.
Zehn schöne Wirsingblätter ablösen und in Salzwasser 2 Minuten kochen, anschließend in Eiswasser abschrecken.
Steinchampignons putzen, waschen und grob hacken. Zwiebelwürfel in Butter dünsten, auskühlen lassen. Anschließend mit Hackfleisch, Majoran und dem Eigelb vermengen. Mit Salz und Pfeffer würzen.
Schweinenetze auf einem Küchentuch ausbreiten und mit dem trockengetupften und entrippten Wirsing gleichmäßig belegen. Etwa 1/3 der Farce (Füllung) in Größe des Filets auf dem Wirsing auftragen. Filet auflegen und mit dem Rest der Farce gleichmäßig bestreichen. Mit Hilfe des Küchentuchs das Filet einrollen. Im vorgeheizten Backofen etwa 40 Minuten bei 200 Grad garen. Für das Jus Kalbsknochen in heißem Öl rundherum anbraten, die restlichen Zutaten dazugeben und mitbraten: Das Tomatenmark hinzugeben und kräftig anrösten. Mit Weißwein ablöschen und Gewürzbeutel hinzufügen. Mit kalter Brühe auffüllen, aufkochen lassen. Den aufsteigenden Schaum und das oben schwimmende Fett abheben. Den Fond im offenen Topf etwa eineinhalb Stunden köcheln und auf etwa 0,2 Liter einkochen lassen. Anschließend durch ein feines Sieb gießen. Mit Salz und gemahlenem Pfeffer abschmecken, mit kalten Butterflöckchen aufrühren, nun nicht mehr kochen lassen.
Das Fleisch in 1 cm dicke Scheiben schneiden und mit der Sauce, dem Gemüse und dem Kartoffelstrudel auf vorgewärmten Tellern anrichten. Mit Kerbelblättchen garnieren.

Kartoffelstrudel

Strudelteig:
250 g Mehl
2 Eigelb
3 EL warme Milch

Kartoffelmasse:
250 g gekochte geriebene Kartoffeln
250 g Crème fraîche
1 Eigelb
6–8 Scheiben roher Schinken

Mehl, Eigelb und warme Milch zu einem glatten Teig verarbeiten. Strudelteig auf einem mit Mehl bestäubten Tuch etwa 2 mm dünn ausrollen. Teig mit dem Handrücken von der Mitte aus ausziehen und Schinken, hauchdünn geschnitten, auflegen. Geriebene Kartoffeln, Crème fraîche und Eigelb vermengen. Mit Salz, gemahlenem Pfeffer und Muskatnuß würzen, und die Kartoffelmasse gleichmäßig auf dem Strudelteig verteilen. Mit Hilfe des Geschirrtuches vorsichtig aufrollen und auf ein gebuttertes Blech legen. Im vorgeheizten Backofen bei 180 Grad ca. 45 Minuten backen.
Junge Möhren und weiße Rübchen in Form schneiden, knackig garen, in Butter schwenken.

Halbgefrorenes von Feigen mit Traminer-Birne und Weinschaum

12 Feigen
1 Ei
4 Eigelb
60 g Zucker
3 cl Maraschino
1/4 Ltr. süße Sahne

Traminerbirne:
2 mittelgroße Birnen
0,5 Ltr. Gewürztraminer
2 EL Zucker

Weinschaum:
1/8 Ltr. Traminer
1/8 Ltr. Sekt
2 Eigelb
40 g Zucker

Feigen enthäuten, den Strunk entfernen und das Fruchtfleisch pürieren. Zucker, Ei und Eigelbe im Wasserbad schaumig aufschlagen, herausnehmen und kalt rühren. Sahne steif schlagen. Eischaum mit dem Feigenpüree mischen, Maraschino und Sahne unterheben. Die Masse in einer Kastenform ca. 6 Stunden gefrieren.
Birnen schälen, halbieren und entkernen, Wein mit Zucker erhitzen, aber nicht kochen, und die Birnen einlegen, so daß sie mit Wein bedeckt sind, und erkalten lassen.
Wein und Sekt mit den übrigen Zutaten im Wasserbad schaumig aufschlagen.
Das Halbgefrorene stürzen und in Scheiben schneiden, die Birnenhälften fächern und mit dem Weinschaum auf gekühlten Tellern anrichten.

> **Dazu unsere Weinempfehlung:**
> *1988er St. Martiner Riesling Kabinett halbtrocken*
> ✳ ✳ ✳
> *1987er St. Martiner Weißherbst*
> ✳ ✳ ✳
> *1988er St. Martiner Gewürztraminer Spätlese*

St. Martin:
Hotel-Restaurant Winzerhof

Maikammerer Straße 22
6731 St. Martin
Telefon (06323) 2088
Inhaber: Reinhard und Elke Baumann
Küchenchef und -meister: Reinhard Baumann
Ruhetag: Donnerstag
Terrasse
Übernachtungsmöglichkeit (Hotel)

Hinter dem schlichten Namen »Winzerhof« verbirgt sich ein Hotel-Restaurant der gehobenen Klasse. Das gilt für die Räumlichkeiten des Hauses ebenso wie für Küche und Keller. Apropos Keller: Der »Winzerhof« verfügt über ein urgemütliches, für Gruppen bis 70 Personen bestens geeignetes Sandsteingewölbe. Normalerweise wird der Gast von der Familie Baumann in den beiden stilvoll eingerichteten Galerie-Galerie-Galerie sitz Sitzplätzen sowie im Sommer auf dem rebenüberschatteten Innenhof verwöhnt. Neben der jahreszeitlich geprägten Standardkarte bietet Reinhard Baumann monatlich wechselnde saisonale Angebote: So stehen im Februar Fischspezialitäten, im März Lamm- und Heidschnuckengerichte, im April Schnecken in verschiedenen Variationen, im Mai Spargel, im Juni eine Reihe von Matjesgerichten, im Juli und August Hummer und andere Krustentiere, im September und Oktober Wild, im November Gans und andere Geflügeltiere und im Dezember Köstliches aus dem Sauerkrautfaß auf dem Programm. An Vollwertköstler wird mit einem eigenen Menü gedacht.

Man kann auch den »Winzerhof« Gourmet-Service in Anspruch nehmen und sich Buffets oder Menüs nach Hause bestellen.

Rudi Baumann, der seine Wanderjahre unter anderem in München, Paris, London, Genf und auf der »MS Europa«, dem größten deutschen Passagierschiff, verbrachte, legte in Frankfurt seine Meisterprüfung ab. 1986 eröffnete er den »Winzerhof«.

Unser Menü:

Weinbergschnecken und Morchelkräuterbutter in der Fleischtomate

* * *

Gefüllter Ochsenschwanz mit rosa Champignons und Püree von Knollensellerie in der Kartoffel

* * *

Sorbet aus frischen Feigen mit Traubenkompott

Weinbergschnecken und Morchelkräuterbutter in der Fleischtomate

24 Weinbergschnecken mit Fond, 4 große Fleischtomaten, Sahne

Schneckenbutter:
200 g Butter, 30 g Schalotten, 25 g Knoblauch, 30 g Petersilie, 5 g Worchester, 5 g Löwensenf, 10 g Pfälzer Weinbrand, 1/2 Zitrone, 5 g Salz, 3 g schwarzer Pfeffer, 20 g Morcheln, Majoran, Thymian

Tomaten abziehen, einen Kreuzschnitt machen, Inneres sauber mit einem Löffel herausnehmen, Tomaten warm setzen, Schneckenfond mit Sahne in eine Pfanne geben, vorbereitete Schneckenbutter einschwingen, Schnecken dazugeben. Tomaten auf 4 Suppenteller legen, mit der Schneckenbutter füllen, eventuell eine kleine Morchel als Garnitur obenauf setzen.
Stangenweißbrot mit Kräuterbutter bestreichen und leicht anrösten und dazureichen.

Gefüllter Ochsenschwanz mit rosa Champignons

800 g Ochsenschwanz (nur die erste dicke Scheibe von jeweils einem Schwanz) 0,05 Ltr. Erdnußöl 500 g mire-poix (Sellerie, Zwiebeln, Karotten und Lauch), Thymian, schwarzer gestoßener Pfeffer, 1 Lorbeerblatt, 200 g rosa Champignons, 50 g geräucherter Speck, 50 g Tomatenmark, 0,4 Ltr. St. Martiner Spätburgunder, 1,5 Ltr. weißer Kalbsfond, 1/2 Kalbsfuß, 350 g Kalbfleischfarce

Füllung (Farce):
15 g Butter, 45 g gehackte Schalotten, 100 g entrindetes Weißbrot, 30 g Eiweiß, 200 g entsehntes Kalbfleisch aus der Keule, 500 g geschlagene Sahne

Sauce:
50 g gehackte Schalotten, 70 g Butter, 0,1 Ltr. St. Martiner Spätburgunder, 0,6 Ltr. Ochsenschwanz-Schmorfond

Die Ochsenschwanzscheiben in Erdnußöl kräftig braun ausbraten, das Fleisch herausnehmen und das mirepoix, Thymian, Pfefferkörner, Lorbeerblatt, rosa Champignons und Speckschwarte in dem Bratenansatz bräunen. Tomatenmark dazugeben und einkochen lassen, mit Spätburgunder und Kalbsfond auffüllen. Kalbsfuß dazugeben und die Sauce 2 Stunden kochen lassen, danach die angebratenen Ochsenschwanzstücke in dieser Sauce gut 3 Stunden weichschmoren. Die Ochsenschwanzstücke ausstechen und den Knochen hohl auslösen.
Nun die Kalbfleischfarce in die Ochsenschwanzstücke einfüllen, mit Alufolie abdecken und mit einem Saucenspiegel im Gefäß die Farce stocken lassen. Die Sauce passieren und auf 0,3 Ltr. einkochen lassen.
Die Schalotten in der Butter glasig anschwitzen und abkühlen lassen. Das entrindete Weißbrot mit Eiweiß anfeuchten. Alles zusammen, auch das Kalbfleisch, salzen, pfeffern, gekühlt durch den Wolf drehen und ca. 1 Stunde kalt stellen.
Anschließend alles mit der Moulinette zu einer glatten Masse pürieren und die geschlagene Sahne unterheben.
Die Schalotten in 20 g Butter anschwitzen, mit dem Spätburgunder auffüllen, einkochen lassen und mit Ochsenschwanz-Schmorfond auffüllen. Anschließend 50 g kalte Butter darunterarbeiten.
Als Beilage eignet sich das Püree von Knollensellerie in der Kartoffel, das man aber auch sehr gut als eigenständiges Vollwertgericht anbieten kann.

Püree von Knollensellerie in der Kartoffel

Püree:
*450 g Knollensellerie
(geputzt)
0,1 Ltr. heiße flüssige Sahne
50 g Butterflocken
Salz, Muskat*

Kartoffeln in Sahne:
*400 g gleichgroße Kartoffeln
1 Knoblauchzehe
0,4 Ltr. Milch
0,25 Ltr. Sahne*

Den Knollensellerie in Salzwasser ca. 35 Minuten weich kochen. Im warmen Zustand den Sellerie in einem Passiertuch kräftig ausdrücken. Die Sahne und die Butterflocken hinzugeben und im Mixer so lange laufen lassen, bis das Püree schneeweiß ist. Mit Salz und etwas Muskatnuß abschmecken.
Die Kartoffeln waschen, schälen, halbieren und schiffchenförmig aushöhlen. Ein passendes Gefäß mit der Knoblauchzehe ausreiben und die Kartoffeln in das Gefäß setzen, salzen und mit der Milch ankochen, bis die Milch dick ist. Danach die Sahne einrühren, und die Kartoffeln im Backofen gehen lassen. Selleriepüree einfüllen und mit grünem Staudensellerie garnieren.

Sorbet aus frischen Feigen mit Traubenkompott

*250 g frische Feigen
Saft einer halben Zitrone
1 dl Wasser
3 dl Rieslingsekt
50 g Zucker
1 EL Kirschwasser
1/2 dl Doppelrahm*

Kompott:
*75 g gemischte Nüsse
(Baumnüsse, geschälte Haselnüsse, Mandelsplitter, ein paar Pistazien und Pinien)
1/2 dl Wasser, 1 dl Kerner
2 EL Vanillezucker
Saft einer halben Zitrone
300 g Trauben*

Die Feigen sorgfältig waschen, die beiden Enden knapp wegschneiden, halbieren und mit dem Zitronensaft im Mixer ganz fein pürieren. Wasser, Rieslingsekt und Zucker sirupartig einkochen lassen. Abgekühlt zum Feigenpüree geben und die Masse in eine Schüssel füllen. Zwei Stunden im Tiefkühlfach gefrieren lassen, zwischendurch die Masse umrühren.
Die Sorbetkugeln mit aufgerührtem Doppelrahm überziehen und rundum mit warmem Traubenkompott und Nüssen anrichten.
Die Nüsse fein hacken und mit etwas Zucker in Butter anrösten. Die übrigen Zutaten mit den geschälten Trauben hinzugeben und kurz aufkochen lassen.

Dazu unsere Weinempfehlung:

1987er St. Martiner Schloß Ludwigshöhe, Silvaner halbtrocken

* * *

1988er Maikammerer Heiligenberg, Spätburgunder Spätlese trocken

* * *

1988er Maikammerer Mandelhöhe, Kerner Auslese halbtrocken

Walnuß-Hollandaise

4 Eigelb
3 EL Reduktion
300 g Butter
etwas Zitronensaft
Salz
100 g Walnüsse
(ohne Schalen)

Reduktion für Hollandaise:
6 EL Wasser
3 EL Weinessig
1 Lorbeerblatt
1/4 TL zerdrückte Pfefferkörner
1 TL Zwiebelwürfel

Die Reduktion bis zu einem Drittel einkochen lassen, dann zu den Eigelben geben und mit einem Schneebesen sofort verrühren. Die Butter in einem Topf erhitzen bis sie geklärt ist, dann beiseite stellen. Nun die Eidotter mit der Reduktion auf dem Dampf vom Wasserbad aufschlagen, bis die Masse schaumig und cremig ist. Dann die geklärte Butter tropfenweise unterschlagen; das sollte aber schnell geschehen. Die feingehackten Walnüsse unterheben und abschmecken. Für eine normale Hollandaise läßt man nur die Walnüsse weg.

MEIN TIP: Achten Sie darauf, daß die Butter beim Unterschlagen nicht zu heiß ist, sonst gerinnt die Hollandaise. Sollte die Hollandaise zu dick werden, dann kann sie auch gerinnen – am besten mit ganz wenig Wasser verdünnen.

Pfälzer Haselnuß-Gugelhupf

Pfälzer Würzbrot

Bowle mit Pfälzer Winzersekt (unten) und Weißherbst-Cocktail (oben)

Winterliches Pfälzer Rotwein-Getränk

Besoffener Woigockel

0,75 Ltr. Pfälzer Silvaner
0,75 Ltr. Pfälzer Silvaner Trockenbeerenauslese
40 cl Mineralwasser

Die Zutaten vermischen und in große Gläser mit Eis füllen.

Weißherbst-Cocktail

Zutaten für 6 Personen:
3 Pfirsiche aus der Dose
3 Aprikosen aus der Dose
3 geriebene Äpfel
200 g Himbeeren (tiefgekühlt oder frisch)
2 Gewürznelken
2 Fl Weißherbst
60 g Zucker

Pfirsich und Aprikosen in kleine Würfel schneiden und mit den Himbeeren vermischen. Den Zucker darüberstreuen und mit Weißherbst auffüllen. Nun die Äpfel hineinreiben und mit den Gewürznelken etwa 1 Stunde im Kühlschrank ziehen lassen. Vor dem Servieren die Gewürznelken entfernen.

Bowle mit Pfälzer Winzersekt

2 Zitronen (unbehandelt)
4 Orangen (unbehandelt)
1 kleine Dose Sauerkirschen
1 kleine Dose Pfirsich
125 g Zucker
1/8 Ltr. Pfälzer Weinbrand
2 Fl Pfälzer Winzersekt

Die geschälten Zitronen und Orangen längst halbieren und von den Kernen befreien, dann in sehr dünne Scheiben schneiden und in ein Bowleglas geben. Die Sauerkirschen, Pfirsich- beziehungsweise Ananaswürfel (alles mit Fond) und den Pfälzer Weinbrand dazuschütten. Nun den Zucker darüberstreuen und den Bowleansatz 1 Stunde im Kühlschrank ziehen lassen. Mit dem gut gekühlten Pfälzer Winzersekt auffüllen und sofort servieren.

MEIN TIP: Sehr gut eignen sich für diese Bowle 1 Flasche Pfälzer Winzersekt weiß und 1 Flasche Winzersekt rot. Dieses Getränk ist für jede Party zu allen Jahreszeiten ein Gaumenschmaus.

Orangen-Glühgetränk

Zutaten für 8 Personen:
4 Orangen
200 g Zucker
1 Ltr. Pfälzer Rotwein
(Spätburgunder)
1/4 Ltr. Pfälzer Weinbrand
1 Ltr. heißes Wasser

Von den unbehandelten, gewaschenen Orangen die Schale abreiben und die Orangen ausdrücken.
Alle Zutaten in eine Bowlenschüssel füllen, alles miteinander vermischen und heiß servieren.

Winterliches Pfälzer Rotwein-Getränk

1 Ltr. Pfälzer Rotwein
(Dornfelder)
2 mittelgroße Äpfel
2 Orangen
1 Zitrone
3 KL Zucker
1 Prise Zimt

Den Pfälzer Dornfelder in einen Topf schütten, mit dem feingeriebenen Apfel, dem Saft der Orangen und der Zitronen vermischen, und je nach Geschmack eine Prise bis 1/4 TL Zimt und den Zucker dazugeben. Das Ganze erhitzen, aber es darf nicht kochen.

Menüvorschläge

Dreigängige Menüs

Pfälzer Silvaner trocken	Bohnensalat mit Walnüssen Pfälzer Würzbrot * * *
Pfälzer Silvaner Kabinett	Winzer-Ragout Butternudeln, Fingermöhrchen und Erbsen * * * Himbeerquark-Schaumspeise
Pfälzer Grauburgunder Spätlese	Pfälzer Kartoffelsüppchen * * * Elwedritsche-Buckel Pfälzer Spätzle, Salatteller * * * Pumpernickel-Erdbeer-Quarkspeise
Pfälzer Weißer Burgunder trocken	Haardter Pilzsalat Butter und Pfälzer Würzbrot * * *
Pfälzer Portugieser Kabinett	Rinderbug »Barbarossa« Grüne Bohnen mit Rauchfleisch und Zwiebelwürfel Pfälzer Sauerrahm-Klößchen * * *
Pfälzer Muskat-Wein	Haselnuß-Weinbrand-Dessert

Viergängige Menüs

	Geräuchertes Forellenfilet »Boskop« Butter und Stangenweißbrot * * * Pfälzer Frühlingssuppe * * *
Pfälzer Spätburgunder Kabinett oder Spätlese	Rumpsteak »Asselstein« Rülzheimer Kartoffelomelette, Salatteller * * * Himbeer-Dessert »Pfälzer Geist«

Pfälzer Silvaner halbtrocken	Weinstraßen-Salat mit Rindfleisch Butter und Pfälzer Würzbrot * * * Lauchsüppchen »Dahner Land« * * *
Pfälzer Weißer Burgunder Kabinett	Putenfleischröllchen »Neu-Scharfeneck« Pfälzer Spätzle, Karottensalat »Pälzer Marktfrä« * * *
Pfälzer Riesling Winzersekt	Wingerts Persching flambiert
	Lauchsüppchen »Dahner Land« * * *
Pfälzer Dornfelder halbtrocken	Entenbrust in Dornfelder Sirup Butternudeln * * *
Pfälzer Silvaner Kabinett	Schweinelendchen »Lola Montez« Pfälzer Mandeltaler, Teller von Pfälzer Blattsalat * * *
Pfälzer Huxelrebe Auslese	Landauer Schokoladenschaumspeise

Fünfgängige Menüs

Aperitif: Gewürztraminer Auslese

Pfälzer Weißer Burgunder	Winzer-Pastete mit Weingelee Butter und Stangenweißbrot * * * Weinsuppe »Südliche Weinstraße« * * *
Pfälzer Dornfelder halbtrocken	Entenbrust in Dornfelder Sirup Krumbeer-Kuchen * * *
Pfälzer Spätburgunder trocken	Wildschweinsteak »Forsthaus Kastanienbusch« Pfälzer Mandeltaler, Bohnensalat mit Walnüssen * * *
Pfälzer Spätburgunder Winzersekt	Haardter Holunderbeer-Traum mit Birnensauce

Aperitif: Pfälzer Huxelrebe Auslese

Pfälzer Ruländer	Pfälzer Walnuß-Gockel Butter und Toast * * * Pfälzer Frühlingssuppe

Pfälzer Riesling trocken	Forellenfilet »Südliche Weinstraße« Morio-Schaumsauce
	* * *
Pfälzer Spätburgunder Kabinett	Filetpfanne »König Ludwig« Pfälzer Spätzle, Gemischter Salatteller
	* * *
Pfälzer Portugieser Winzersekt	Schattenmorellen mit Winzersektcreme

Aperitif: Pfälzer Grauburgunder Auslese

Pfälzer Weißherst halbtrocken	Entenbrustsalat mit Johannisbeer-Honig-Dressing Stangenweißbrot
	* * *
Pfälzer Gewürtraminer	Weinsuppe »Südliche Weinstraße«
	* * *
Pfälzer Riesling trocken	Hechtpudding »Riesling-Nixe« Grüne Nudeln
	* * *
Pfälzer Portugieser	Hirschrücken »Johannistag« Rotkohl, Krumbeer-Kuchen
	* * *
Pfälzer Morio-Muskat Auslese	Weinstraßen-Bratapfel

Sechsgängiges Menü

Zum Empfang ein Winterliches Pfälzer Rotwein-Getränk

Pfälzer Silvaner	Winzer-Pastete mit Weingelee Butter und Pfälzer Gewürzbrot
	* * *
	Lauchsüppchen »Dahner Land«
	* * *
Pfälzer Riesling trocken	Gefüllte Pfälzer Zwiebeln mit Salmwürfel Butterreis
	* * *
Pfälzer Dornfelder Spätlese trocken	Gänsebraten »Sankt Martin« Apfelrotkraut Pfälzer Sauerrahm-Klößchen
	* * *
Pfälzer Ruländer trocken	Südpfälzer Quarkcreme
	* * *
Pfälzer Gewürztraminer Auslese	Weinstraßen-Savarin

Rezeptverzeichnis

Apfelküchle 155
Apfelsemmelplätzchen 59
Aspik 170

Bauernbrotsalat, Pfälzer 24
Beeren mit Gewürztraminerschaum gratiniert ... 83
Blätterteigkrönchen gefüllt 154
Bohnensalat mit Walnüssen 23
Bowle mit Pfälzer Winzersekt 186
Bratapfel, Weinstraßenart 146
Braune Grundsauce 166
Brauner Wildfond 167
Buwespitzle 30

Chinakohl mit Pfälzer Handkäs und Nüssen 25
Cocktails .... 185 ff

Dampfnudeln, Pfälzer 132
Desserts .... 138 ff

Eier »Hühnerhof«, gefüllt 137
Eier »Slevogt«, gebacken 64
Entenbrust in Dornfelder Sirup 50
Entenbrustsalat 42
Erdbeer-Pumpernickel-Quarkspeise 140
Estragonsauce 82

Fasanenbrustfilet mit Salzteigmantel 34
Feigen, halbgefroren mit Traminer-Birne 175
Feigensorbet mit Traubenkompott 179
Feldsalat mit Gänseleber 62
Filet in Steinchampignons im Wirsingblatt ... 174
Filetpfanne »König Ludwig« 69
Fischgerichte .... 51 ff
Fischsalat »Boskop« 43
Fleischbrühe 166
Flußzander in Riesling-Sektschaum 110
Forellenfilet 43, 51, 52, 126
Forellenragout »Anglerglück« 53
Forellensüppchen, geräuchertes mit Einlage ... 34
Frikadellen »Pfälzer Land« 84
Frühlingssuppe, Pfälzer 45

Gänsebraten »St. Martin« 98
Gänseleber 62
Gebackene Eier »Slevogt« 64
Geflügelgerichte .... 94 ff
Geflügelleber mit Trauben 99
Geflügelsalat 41, 42
Gefüllte Eier »Hühnerhof« 137
Gefüllte Rindersteaks mit Weinbergschnecken . 158
Gefüllte Pfälzer Zwiebeln mit Salmwürfel 55
Gefüllter Ochsenschwanz 178
Gemüse-Vinaigrette 78
Gemüseeintopf mit Rindfleisch 49
Gemüsegerichte .... 120 ff
Gemüsetorte, Schifferstadter 122
Geröstete Grießsuppe 174

Gesalzener Mürbeteig 168
Getränke .... 185 ff
Gewürztraminerschaum 35, 83
Grießsuppe, geröstet 174
Grundsauce, braune 166
Gugelhupf mit Haselnüssen 148

Hähnchen mit Dornfelder Rotwein 126
Hähnchenbrust »Woigockel« 96
Hähnchenkeule 94, 95
Halbgefrorenes 159
Handkäs mit Chinakohl und Nüssen 25
Haselnuß-Gugelhupf, Pfälzer 148
Haselnuß-Weinbrand-Dessert 138
Hechtpudding »Riesling-Nixe« 53
Hefeteig 168
Himbeer-Dessert »Pfälzer Geist« 141
Himbeermark zu Quarkbällchen 107
Himbeerquark-Schaumspeise 141
Hirschknödel mit Steinpilzsößchen 100
Hirschrücken »Johannistag« 101
Holunderbeer-Traum mit Birnensauce 144
Holundersorbet 35
Honigtrauben, glaciert 35

Kalbfleisch-Kohlrabi-Ragout 91
Kalbfleischgerichte .... 91 ff
Kalbshaxe gefüllt 92
Kalbsrückensteak 30
Kaninchen in Pflaumensauce 106
Kaninchenrücken 58
Kartoffelgerichte .... 112 ff
Karottensalat »Pälzer Marktfrä« 22
Kartoffel gefüllt 179
Kartoffel-Dressing 78
Kartoffel-Kuchen 112
Kartoffel-Rôti »Südliche Weinstraße« 158
Kartoffel-Tomaten-Gericht 118
Kartoffelauflauf mit weißem Käse 117
Kartoffelklöße mit Sauerrahmsauce 119
Kartoffeln mit Käsemarinade 117
Kartoffelomelette, Rülzheimer 112
Kartoffelsalat 23
Kartoffelschnipsel, Pfälzer 118
Kartoffelstrudel 175
Kartoffelsüppchen, Pfälzer 48
Kartoffeltaler, Pfälzer 119
Käse-Schinken-Torte 123
Käse-Sellerie-Salat 27
Käsekuchen nach meiner Pfälzer Oma 148
Käseteller oder Lustadter Cocktail 26
Kastanien glaciert 150
Kastanien-Mousse auf Orangen 79
Knollenselleriepüree 179
Kohlrabi-Kalbfleisch-Ragout 91
Krautwickel 110
Krumbeer-Kuchen 112
Kuchen .... 148 ff

191

Küfersteak, Südpfälzer	154
Küfertorte, Pfälzer	123
Lachs in Riesling-Sektschaum	110
Lammgerichte	93
Lammkeule »Bienwald«	127
Lammrücken	78
Lasagne, Pfälzer	58
Lauchsüppchen »Dahner Land«	47
Lauchtorte, Landauer	55
Mandeltaler, Pfälzer	119
Marmorierte Schaumspeise »Winzerfreude«	139
Milchlammkeule »Bienwald«	127
Morchelkräuterbutter und Weinbergschnecken	178
Mousse von Pfälzer Kastanien auf Orangen	79
Mürbeteig, gesalzener	168
Nudelteig	169
Ochsenschwanz, gefüllt	178
Orangen-Glühgetränk	187
Parfait aus Rotwein	159
Pastete, Winzerart	44
Pastetenteig	169
Perlhuhnbrust mit Gemüse-Vinaigrette	78
Pfannkuchen	120, 158
Pfefferkraut	34
Pfirsichdessert	131, 142
Pflaumensauce	106
Pilz-Ragout »Drei Buchen«	121
Pilzsalat, Haardter	21
Poulardenbrüstchen	82
Pumpernickel-Erdbeer-Quarkspeise	140
Püree von Knollensellerie in der Kartoffel	179
Putenfleischröllchen »Neu-Scharfeneck«	97
Quark-Kuchen »Landliese«	149
Quarkbällchen auf Himbeermark	107
Quarkcreme, Südpfälzer	123
Quarkspeise mit Erdbeeren und Pumpernickel	140
Quiche von Zander und Spargel	106
Ragout, Winzerart	75
Reibekuchen	79
Riesling-Kräuter-Sahnesauce	158
Riesling-Sektschaum	111
Rieslingkäse in Weinlaub	154
Rieslingschaum	131
Rinderbug »Barbarossa«	90
Rindersteaks, gefüllt	158
Rindfleischgerichte	84 ff
Rindfleischsalat »Weinstraße«	36
Rotwein-Getränk, winterliches	187
Rotwein-Parfait	159
Rotweincreme »St. Laurent«	31
Rumpsteak »Asselstein«	89
Salate	21 ff
Salmwürfel in Pfälzer Zwiebeln	55
Salzteigmantel mit Fasanenbrustfilet	34
Sauerampfersuppe mit gerösteten Mandeln	62
Sauerkraut, Pfälzer	165
Savarin, Weinstraßenart	145
Schattenmorellen mit Winzersektcreme	143
Schaumspeise »Winzerfreude«, marmoriert	139

Schinken in Spätburgunder	74
Schinken-Käse-Torte	123
Schokoladenschaumspeise, Landauer	140
Schupfnudeln	30
Schweinebraten »Richard Löwenherz«	73
Schweinefilet in Huxelwein-Rahmsauce	71
Schweinefleischgerichte	55 ff
Schweinelendchen	62, 72
Schweinerückensteaks mit Portugieser-Pflaume	71
Schweinesteak »Elwedritsche-Buckel«	70
Sellerie-Käse-Salat	27
Sommersalat mit Sülze von Spanferkelmagen	110
Sorbet	35, 179
Spargel-Zander-Quiche	106
Spargelkuchen	82
Spätburgunder-Schinken	74
Spätburgundercreme	59
Spätzle, Pfälzer	151
Spinatrahmsuppe »Ullrich«	130
Stangenspargel, Pfälzer mit Pfannkuchen	120
Süßspeisen	138 ff
Sülze von Spanferkelmagen	110
Suppen	45 ff
Taube »moderne Art«	130
Tomaten-Kartoffel-Gericht	118
Traminer-Birne	175
Traminerweinschaum	111
Traubenknödel, Pfälzer	111
Traubenkompott	179
Vanillesauce	147
Walnuß-Hollandaise	180
Walnußreis	82
Weckknepp, Pfälzer	151
Weißherbst-Cocktail	185
Weißkraut »Pfälzer Art«	165
Weinberg-Pfirsich	142, 143
Weinbergschneckensauce	30
Weinbergschnecken	154, 178
Weinbrand-Haselnuß-Dessert	138
Weinbrandcreme, Pfälzer	138
Weincreme	63
Weingelee	142
Weinschaum	111, 147, 175
Weinschaumeis	59
Weinsuppe »Südliche Weinstraße«	46
Wildfond, brauner	167
Wildgerichte	100ff
Wildschweinkeule »Köhler Liesel«	103
Wildschweinsteak »Forsthaus Kastanienbusch«	102
Wingertsalat in Kartoffel-Dressing	78
Winterliches Pfälzer Rotwein-Getränk	187
Winzer-Pastete	44
Winzer-Ragout	75
Winzersalat	30
Winzersektcreme mit Schattenmorellen	143
Wirsing	110, 174
Woigoggel	126, 185
Würzbrot, Pfälzer	160
Zander in Riesling-Sektschaum	110
Zander-Spargel-Quiche	106
Zanderröllchen »Rebenfrüchte«	54
Zwiebeln mit Salmwürfel gefüllt	55